KB235407

국어 명령문에 대한 연구

국어 명령문에 대한 연구

국어 명령문에 대한 연구

고 성 환 지음

머리말

　명령문은 여느 문장 유형보다 화용론적인 성격을 많이 가지고 있다. 또한 명령문은 현대 통사이론의 주류를 이루고 있는 촘스키의 이론에서 보면 논란의 여지가 없는 몇 가지 뚜렷한 통사적인 특성을 가지는 것으로 보인다. 명령문의 이러한 특성은 현대 통사론의 지속적인 조명을 받기 어렵게 만들었다. 명령문이 변형생성이론 초기에 잠깐 연구가 이루어지다가 만 것은 바로 이러한 이유들 때문인 것으로 보인다. 그러나 명령문의 면면을 자세히 들여다보면 정밀화해야 할 현상들이 적지 않아 보인다. 그런데 이러한 현상들은 현대 통사론이 지향하는 한정된 규칙의 범위를 벗어나 있다. 이러한 현상들에 대한 해명에는 의미·화용론적인 관점에서의 접근이 필수적이라는 것이 필자의 믿음이다. 본서의 논의는 이러한 관점에서 이루어졌다. 그러나 언어 현상을 설명하는 데 있어 의미·화용론적인 관점이 필수적이라 믿으면서도 규칙화와 범주화가 어렵다는 것이 언제나 고민스럽다. 본서의 논의도 규칙화와 범주화에 많은 노력을 기울였지만 허점이 적지 않다. 의미·화용론적인 관점을 지향하는 필자로서는 계속해서 고민해야 할 문제일 것이다.

　국어학을 하겠다고 마음먹고 학문의 길로 접어든 것이 벌써 20년이 넘었다. 필자의 성격상 학문이 가장 맞는다고 생각하여 뛰어든 길이었지만 이 길이 나의 성격과 맞지 않는다는 생각이 들어 후회할 때가 가끔씩 있다. 학회지나 잡지 등에 논문을 싣거나 책을 낼 때이다. 논문을 쓰고 나서도 학회지에 실을 용기가 잘 생기지 않는다. "이런 글을 어떻게 실어" 하는 생각이 앞선다. 주변의 상황이 등을 떠밀지 않았다면 아마 논문을 거의 쓰지 못했을 것이다. 적당한 선에서 글을 마무리 짓고 그 다음 단계로 나아가야 한다는 것을 잘 알면서도 이것이 잘 안된다. 아마도 평생 이렇지 않을까 하는 생각이 든다.

　이 책도 막상 출판하려고 하니 많이 망설이게 된다. 그러나 감히 용기를 내 보련다. 극히 일부분이지만 만족스러운 부분도 있다. 이것을 위안 삼아 세상 사람들에게 보여 주려고 한다. 한편으로는 이것도 대단한 것이 아닌가 하는 오만한 생각도 든다. 그러나 그것은 잠시, 역시 숨기고 싶은 부분이 많다.

　누구에게나 그렇듯이 나의 주변에도 고마운 분들이 있다. 여느 사람들보다 많지는 않다. 그렇기 때문에 더욱 더 고마운 분들이다. 누구보다도 먼저 부모님을 손꼽아야 할 것이다. 부모님은 나에게 이렇게 해라 저렇게 해라 하고 말씀을 하지 않으신다. 멀리서 마냥 지켜만 보고 계실 뿐이다. 이것이 나의 모든 부분의 밑거름이 되었다. 학문을 하는 데 있어서는 고영근 선생님을 평생 잊지 못할 것이다. 지금도 그렇지만 배우는 과정에서도 야단을 많이 맞았다. 선생님의 말씀 하나하나가 알게모르게 나의 학문적인 토대가 되었다. 고개 숙여 감사드린다.

　일일이 성함을 들 수는 없지만 여러 은사님, 선·후배, 동료들의 도움도 많았다. 그 동안 마땅한 기회가 없어서 고마움을 전하지 못 했는데, 이 자리를 빌려 감사의 마음을 전하고 싶다.

　팔불출이라 욕할지 모르지만 집사람과 자식들에 대해서도 한 마디 해야겠다. 집사람이 첫 애를 키울 때 아침 일찍 일어나서는 깨지 않은 아이를 낑낑거리며 안고 나가는 모습을 볼 때 안쓰럽고 미안한 생각이 많이 들었다. 언제나 내 마음 한 구석에는 그 때의 안쓰러움이 아련하게 남아 있다. 남들이 하는 것처럼 집사람도 머리말에 이러한 나의 마음을 표현해 주기를 원했다. 까짓것 그것 하나 못 들어주랴. 더욱이 앞으로 이런 기회가 다시는 안 올지도 모른다는 생각도 드는 마당에, 집사람을 앵벌이(?) 시켜 미안하고 고맙고… 고작 이런 책 한 권 내려고 별로 놀아 주지 못 한 아이들에게도 미안한 마음을 전하고 싶다.

　그리고 마지막으로, 이 책의 출판을 기꺼이 승낙해 주신 '도서출판 역락'의 이대현 사장님과 편집부 직원들께 감사를 드린다.

2003년 5월

고　성　환

차 례

○
○
○

차 례

제 1 장

서 론

1. 연구의 목적

　명령문에 대한 형태론적인 연구는 몇몇 종결어미의 형태소 분석에서의 견해차를 제외한다면 어느 정도 이루어졌다고 할 수 있다. 또한 통사론적인 측면에서도 명령문의 주어가 2인칭에 한정된다든지, 명령문의 서술어는 동작동사에 국한된다는 것, 부정명령에서는 여느 문장 유형과는 달리 부정소로서 '말-'이 쓰인다는 것 등이 지적되기도 했다. 그리고 국어 명령문의 한 특징이라고 할 수 있는 간접명령의 존재가 확인되었고, 간접명령의 대체적인 특성이 제시되기도 했다.

　그러나 명령문 연구의 면면을 살펴보면 전혀 검토되지 않았던 문제도 있고, 많은 연구자들이 언급하고 있지만 미진하다고 할 수 있는 부분도 적지 않다고 판단된다. 명령문의 주어가 논리상 2인칭으로 한정되어야 함에도 불구하고 주어가 표면상 3인칭으로 실현되는 명령문의 존재는 주어의 제약조건 명시를 어렵게 해 왔다. 또한 명령문의 경우 거의 대부분이 상관적 발화 장면에서 쓰이기 때문에 그만큼 호격어의 쓰임도 빈번한데,

이러한 호격어는 그동안 별다른 주목을 받지 못했다. 또한 호격어와 주어의 지시 대상은 대부분의 경우 일치하지만 그렇지 않은 경우도 나타나기 때문에 호격어와 주어의 지시 대상은 달리 규정되어야 함에도 불구하고 이러한 문제를 다룬 연구는 찾아볼 수 없다.

그리고 명령문의 서술어를 일반적으로 동작동사로 한정시키지만, 동작동사에 속하는 피동사의 경우 상당한 제약을 보이며, 또한 일부의 상태동사가 명령문의 서술어로 쓰일 수 있다는 것은 새로운 관점에서의 해석을 필요로 하는 부분이라 생각된다. 한편, 부정명령은 부정소로서 '말-'을 취하는 것으로 다루어져 왔지만, 왜 '아니'나 '못'과 같은 부정소는 취하지 못하는가의 문제도 논의되었어야 할 문제이다.

한편, 간접명령인 하라체의 명령에 대해 단독적 장면에서의 명령이라든가, 추상적인 청자에 대한 추상적인 화자의 명령이라고 하는, 일견 통합시키기 쉽지 않은 특성에 대해서도 이들을 포괄할 수 있는 공통적인 원리의 모색이 필요하다고 할 수 있다. 이 외에 우리는 국어 문법사에서 비종결어미가 종결어미로 변화하는 적지 않은 예를 확인할 수 있는데, 이러한 예는 명령문의 종결형태에서도 발견된다. 그러나 이들은 대부분 주변적인 것으로 인식되어 왔고, 그래서 별다른 언급의 대상이 되지 못했던 것도 사실이다.

본고는 위에서 지적한 것처럼 명령문의 성격 구명에 중요한 역할을 할 것으로 기대되는 요소임에도 불구하고 그동안 여러 가지 이유로 다루어지지 않았던 문제들이나 논의가 미흡하다고 판단되는 부분, 그리고 새로운 관점에서의 해석이 필요하다고 생각되는 문제들을 다룸으로써 명령문의 특성을 보다 자세히 밝히고 몇몇 유형의 명령문의 본질을 구명하는 것을 목적으로 한다. 이것은 명령문에 대한 기존의 연구에서 부족한 점들을 보완해 주고, 또한 명령문의 본질을 이해하는 데에 한 걸음 더 가까이 다가갈 수 있게 해 줄 것이다.

2. 기존 논의의 검토와 연구의 관점

　명령문에 대한 연구는 다른 문장 유형들에 대한 연구에 비해 결코 왕성했다고 할 수 없다. 초기의 전통문법적인 연구에서는 주로 경어법에 따른 종결어미 형태를 나열하고 분류하는 데 치중했지만 형태소 식별 방법의 미비로 적지 않은 오류를 범했다. 이러한 오류는 구조주의 언어학이 도입됨에 따라 형태소 식별 기준이 명확하게 제시되고, 이러한 방법에 입각한 형태 중심의 연구가 이루어지면서 어느 정도 극복되었지만 명령문의 통사적인 특성을 밝히는 데에는 미흡한 점이 없지 않다.[1] 명령문의 통사적 특성에 대한 연구는 변형생성문법적인 연구 방법이 도입되면서 본격적으로 시도되었다고 할 수 있지만, 서구의 변형이론에서의 연구 경향과 평행하게 국어의 명령문에 대한 변형생성문법적인 연구도 초기에 잠깐 이루어지다가 곧 중단되고 말았다.[2] 이것은 변형생성문법적인 관점에서 국어의 명령문이 인구어와 별다른 차이를 보이지 않기 때문에 그다지 문제거리가 되지 못했고, 그리고 명령문 자체가 비교적 단순한 구조로 이루어졌기 때문으로 생각된다.[3] 한편, 변형생성문법적인 연구가 소홀히 하는 면을 보충하고 언어 사용의 측면을 보다 중요시하는 화용론이 등장하면서 이러한 이론에 기댄 연구도 이어지고 있다.[4] 명령문에 대한 화용론적인 입장에서의 연구는 여느 문장 유형보다 화용론적인 성격이 강한 명령문의 다양한 모습을 보여 주는 데는 일조를 했지만 많은 경우에 명령문의 형태·통사적인 측면을 소홀히 하고 의미·화용론적인 측면에 치중했기 때문에 문법

---

[1] 명령문의 형태 중심적인 연구는 고영근(1974, 1976)과 서태룡(1985) 참조.

[2] 국어 명령문에 대한 변형생성문법적인 연구는 이홍배(1971), 송병학(1975) 등이 참조되는데, 이들 연구에서는 명령문에 기저에 수행문을 설정하고 표면으로 실현되는 과정을 규칙화하려고 하고 있다.

[3] 이러한 사정은 인구어에 대한 연구에서도 그대로 나타나는 것 같다. 인구어의 명령문에 대한 연구도 변형생성문법이 소개된 이후 얼마간만 이루어졌음을 확인할 수 있다.

[4] 명령문에 대한 화용론적인 관점에서의 연구는 양인석(1976), 채영희(1985, 1993), 최경자(1985), 박금자(1987), 박영준(1987), 조성훈(1988) 등이 참조된다.

전체의 질서에 어긋나게 되는 결과를 초래하기도 했다.

1.에서 언급했듯이 본고는 명령문의 일반적인 특성을 밝히고 몇 가지 유형의 명령문의 본질을 구명하는 것을 목적으로 한다. 기존의 연구사의 검토에서 드러났듯이 명령문 연구에서 취할 수 있는 관점은 대체로 세 가지가 가능하다. 첫째는 형태 중심, 즉 명령형 종결어미를 중심으로 연구하는 것이고, 둘째는 변형생성문법적인 입장에서 연구하는 것이며, 셋째는 의미·화용론적인 측면에서 연구하는 것이다. 본고에서는 첫번째와 두번째의 입장에서 이루어진 기존의 연구를 바탕으로 하되 세번째의 관점에서 명령문의 특성을 밝혀나가는 입장을 취하고자 한다. 왜냐하면 형태 중심의 연구와 변형생성문법적인 연구를 도외시하고 순전히 화용론적인 입장에서만 논의한다면 문법 전체의 질서를 어기게 되기 때문이고, 그렇다고 화용론적인 측면을 완전히 무시한다면 이것은 화용론적인 성격이 강한 명령문의 본질을 이해하기가 거의 불가능하다고 생각되기 때문이다. 그래서 명령문의 일반적인 특성을 밝히는 데 있어서는 명령문에 대한 기존의 논의를 바탕으로 하지만 명령문이 어떤 문장 유형보다도 화용론적 성격이 강하다는 것에 주목하여 명령문의 화용론적인 측면을 보다 중시할 것이며, 이에 따라 명령문과 관련되는 여러 가지 현상들에 대해 의미·화용론적인 설명을 시도할 것이다.

3. 논의의 구성

본 연구는 모두 여섯 개의 장으로 구성되어 있다. 그 가운데 제2장은 본론을 전개하기 위한 토대가 되는 부분이고, 제3장에서 제5장까지는 본론에 해당하며, 제6장은 결론 부분이다.

제2장에서는 명령문의 성립 조건과 명령문의 전형적인 문말억양을 제시하여 명령문과 밀접한 관련이 있는 것으로 다루어져 온 기원문과 허락문,

그리고 청유문 등과 명령문의 관계에 대해서 살펴봄으로써 명령문의 범위를 한정할 것이다.

제3장에서는 명령문의 일반적 특성을 다루는데, 특히 기존의 명령문 논의에서 소략하게 다루어져 왔던 주어와 호격어의 문제를 폭넓게 다루어 보고자 한다. 즉, 명령문의 주어와 호격어는 모두 청자를 지시하는 것으로 인정되어 왔는데, 이들의 지시대상이 과연 일치하는지, 일치하지 않는다면 어떻게 다른지를 밝힐 것이고, 주어가 쉽게 생략되는 명령문에서도 주어의 생략은 일정한 조건 아래에서만 가능하다는 것을 전제로 그 생략 조건을 명시할 것이며, 또한 호격어의 기능을 정체 확인 기능과 표현적 기능으로 나누고, 이러한 기능이 어떻게 나타나는지를 몇 가지 대표적인 형태를 통해 살펴볼 것이다. 이와 더불어 주어와 호격어의 구별 문제에 대해서도 논의할 것이다. 그리고 명령문의 서술어의 조건을 통사범주적인 관점에서 동작동사로 제한되는 것으로 파악하고 일부의 상태동사가 명령문에 쓰이는 것을 일종의 예외처럼 처리해 왔던 것을 지양하여 명령문의 동작동사에만 적용해 왔던 동작주의 의지나 의도의 개입 가능성 또는 제어 가능성이라는 의미·화용론적인 기준을 명령문의 서술어로 쓰이는 상태동사에도 적용시켜 명령문의 서술어는 통사범주적인 기준에 의해 제약되는 것이 아니라 의미범주적인 기준에 의해 제약되는 것을 밝힘으로써 명령문의 서술어를 하나의 의미범주로 포괄할 것이다.

제4장에서는 간접명령이나 절대명령이라 부르고 있는 하라체 명령의 본질을 밝히고자 한다. 하라체 명령에 대해서는 이미 고영근(1976), 임홍빈(1983) 등의 논의에서 단독적 장면에서의 명령이라든가, 추상적인 청자에 대한 추상적인 화자의 명령이라고 하는 주요 특성이 밝혀진 바 있는데, 본고에서는 이러한 여러 가지 특성을 통합할 수 있는 공통된 특징을 찾고자 하는 데 초점을 맞출 것이다.

그리고 5장에서는 종전의 명령문 논의에서 부분적으로 다루어지기도 했지만, 형태상의 특이성과 쓰임상의 편중성 때문에 본격적인 논의의 대상이 되지 못했던 명사형 종결형 '-(으)ㄹ 것'과 부사형 종결형 '-도록'이 일반 명령형 종결어미와 동등한 자격을 가지는 명령형 종결어미임을 밝히고, 나아가서 이들의 화용상의 특성을 구명하고자 한다.

제 2 장

명령문의 조건과 범위

1. 명령문의 성립조건

1.1. 의미·화행적 조건

화자가 수행되기를 원하는 행위가 있고 이러한 행위를 수행할 수 있는 청자가 있으면 명령의 발화는 가능하다. 그러나 명령의 화행이 적절하게 실현되기 위해서는 여러 가지 조건들이 충족되어야 한다. 이 조건들을 적정조건(felicity condition)이라고 하는데, 이것은 일반적으로 다음과 같이 나타낼 수 있다.[1]

> (1) 가. 예비 조건 : 청자가 행위를 수행할 수 있음을 화자가 믿는다.
> 　　　　　　　　　또한 화자는 청자보다 권위가 있어야 한다.
> 　　나. 진지성 조건 : 청자의 장차 행위를 화자가 원한다.
> 　　다. 명제내용적 조건 : 청자의 장차 행위를 화자가 예견한다.
> 　　라. 기본 조건 : 청자가 행위를 하게끔 화자가 시도한다.

---

[1] 심재기 외(1984:157~64), 김태자(1987:79), Searle(1975:71).

이러한 조건에 비추어 봤을 때, 아래의 예문 (2)와 같은 명령의 발화는 예비 조건을 어기기 때문에 적절하지 못하게 된다.

    (2) 가. 철수야, 그럼 저 달을 따 와 봐.
        나. 저 건물이 움직이게 해 봐.

즉, 일반적으로 화자는 명령 수행자가 달을 따 올 수 있다거나 건물을 움직일 수 있다는 믿음을 가지기 어려운 것으로서 예문 (2가, 나)의 발화는 청자가 행위를 수행할 수 있다는 것을 화자가 믿는다는 예비 조건을 어기기 때문에 적절하지 못한 발화가 된다. 그러나 일정한 조건 아래에서 명령 수행자가 달을 따 올 수 있다거나 건물을 움직이게 할 수 있다고 화자가 믿었을 경우에는 예문 (2)의 발화가 예비 조건을 충족시킬 수 있고, 이에 따라 적절한 명령이 될 수 있다.

화자가 청자보다 권위가 있어야 한다는 조건은 단순히 화자와 청자 사이의 상하관계에 의해 충족되는 것은 아니다.

    (3) 가. 선생님, 전화 받으십시오
        나. 손님, 안으로 들어 오셔서 구경하세요

화자가 청자보다 권위가 있어야 한다는 조건이 단순히 화·청자 사이의 상하관계에 의해서만 결정된다면 예문 (3)은 예비 조건을 어기는 것으로서 적절하지 못한 명령이 되어야 한다. 왜냐하면 예문 (3가)의 화자와 청자로 상정할 수 있는 학생과 선생님이나, (3나)의 화자와 청자로 상정될 수 있는 주인과 손님 사이의 상하 관계를 문제 삼는다면 오히려 청자가 상위자라고 할 수 있기 때문이다. 그러나 예문 (3)과 같은 발화는 아주 적절하게 쓰일 수 있는데, 이것은 화자에게 권위가 있느냐 없느냐를 결정하는 데 있어 화자와 청자 사이의 실질적인 상하관계도 일정하게 작용하지만, 이것보다 발화 상황이 더 중요한 요소로 작용하기 때문이다.[2] 즉, 실질적으로는 청자가 화자보다 상위자라 하더라도 예문 (3)에서와 같이 어떠한 발화 상황에서 화자가 청자를 자신의 통제권 안에 둘 수 있다거나 제어할 수 있다면 화자는 청자보다 권위를 가지는 것으로 간주할 수 있는 것이다.

1.2. 형태적 조건

명령문은 '-아/어라, -아/어, -지, -(으)렴, -(으)려무나, -게, -오, -소, -구려, -ㅂ시오, -소서' 등과 '-라'와 같은 형식에 의해 표현된다.[3] 이들 종결어미 형식 가운데 대표적인 몇 가지에 대해서만 살펴보고자 한다.

'-아/어라'는 해라체의 대표적인 형태인데,[4] 이것의 이형태로는 '-여라, -거라, -너라, -오' 등을 들 수 있다. 그러나 '-거라'와 '-너라'는 현대국어 초

---

2) 강창석(1987:49~50)에서처럼 명령의 의미를 좁게 잡아, 명령을 상위자가 하위자에게 어떤 행위를 하도록 시키는 것에 한정시키게 되면 화자가 청자보다 권위가 있느냐 없느냐는 순전히 화·청자 사이의 현실적인 상하관계에 의해 결정된다고 할 수 있다. 그러나 명령의 범위를 이렇게 좁히게 되면 명령문은 최대한 넓게 잡아도 상대높임법 등분상 하게체까지만 존재하는 것으로 제한되는데, 이것은 실제의 언어 사용의 측면을 고려하면 받아들이기 어렵다.

3) 명령문의 종결어미 형태를 '-라'와 이외의 것들로 분리한 것은 이들 두 부류가 그 성격을 달리하는 것이기 때문이다. 이들 두 부류의 구별되는 특성에 대해서는 4장 참조.

4) 대부분의 경우 해라체의 명령형 종결어미 '-아/어라'를 분석되지 않는 하나의 형태소로 다루고 있으나, '-아/어+라'로 분석하는 입장을 취하기도 한다. 대표적으로는 임홍빈(1985)에서의 논의를 들 수 있는데, 분석의 근거로는 다음과 같은 세 가지 이유를 들고 있다. 첫째, '-어라'의 '-어'가 부사형 어미 '-아/어'와 동일한 음운론적인 행동을 보인다는 것, 즉, 용언의 어가 모음에 따라 '-아'와 '-어'로 교체하고 있다는 것, '하-' 어간에 대하여 '-여'로 변하는 불규칙적인 양상까지 동일하다는 것이고, 둘째, '해:해라(명령), 해요:해라, 하라:해라' 등의 범열을 비교하면 형태소 분석의 가장 기초적인 원리에 의하여 '하-'와 '-어'와 '-라'가 분석될 수 있음이 분명하다는 것, 셋째, '-어도, -어야, -어서, -어만, -고도, -고야, -고서, -고만' 등의 범열을 비교하면, 여기에서 '-어, -고' 등의 어미가 분리되고 '-도, -야, -서, -만' 등과 같은 첨사(특수조사)적인 형태가 분석되는데, 이 범렬에 '-어라'를 다시 비교하면 '-라'의 범주에 대한 어떤 암시를 얻을 수 있다는 것 등이다.

기 단계에서는 고영근(1974:143~4)에서의 지적처럼, '-여라'와 마찬가지로
일정한 제약조건, 즉 '-거라'는 '아'로 끝나는 자동사와 '있-, 듣-, 앉-' 아
래에서, '-너라'는 '오-' 아래에서 선택되어 쓰이는 형태였다고 할 수 있지
만, 지금은 아래의 예문에서 보듯이 이러한 제약조건은 유효하지 못하다.

(1) 가. 이제 집에 가거라/가라.
    나. 이것 좀 먹어 봐라/보거라.

(2) 저녁에 집에 오너라/와라.

'-거라'와 '-너라'의 선택조건에 따르면 예문 (1가, 나)에서는 각각 '가거
라'와 '봐라'의 형태만이 쓰일 수 있어야 하고, 예문 (2)에서는 '오너라'만
이 쓰일 수 있어야 하는데 실제적으로는 '가라', '보거라'와 '와라'가 아무런
이상 없이 쓰일 수가 있고, 쓰임의 빈도상으로는 오히려 '-아/어라'로 통합
되는 경향을 보인다. 이렇게 보면 해라체의 명령형 종결어미로서의 '-거라'
와 '-너라'는 현대국어에서는 그 지위가 약해져서 서서히 사라져 가는 형
태라고 할 수 있고, 이들이 쓰이는 경우에도 '-아/어라'의 형태론적인 이형
태라기보다는 수의적인 교체형에 가까운 기능을 하는 데 그친다. 이와 같
은 단순화 경향은 해라체의 명령문에서 '주어라'의 보충법적 이형태라고
할 수 있는 '다오'의 쓰임에서도 확인된다.5) 즉, 동사 '주-'의 대상이 다른
사람이냐 아니면 화자 자신이냐에 따라 '주-'와 '달-'이 달리 선택되고, 이
에 따라 명령형 종결어미도 '-오'가 쓰였지만, 지금은 이러한 구별이 거의
사라지고 '주-'의 대상이 화자 자신일 경우에도 '주어라'가 '다오'를 대치
하여 쓰이는 경향을 보인다.

(3) 그 책은 이리 다오/줘라.

---

5) '달-'이 '주-'의 보충법적 이형태라는 것은 고영근(1974:144~5, 1987=1989:48~51) 참조.

'다오'와 '주어라'의 쓰임이 엄격하게 구분된다면 예문 (3)에서는 '다오' 만이 가능하며 '주어라'가 쓰이게 되면 비문법적인 문장이 되어야 하지만 이들은 모두가 가능하고, 더욱이 '다오'보다 '주어라'가 더 자연스럽게 받아들여진다.

이렇게 보면 해라체의 명령형 어미는 '-아/어라'로 대표되지만 이것의 형태론적인 이형태로는 '-여라'만이 인정될 수 있고, '-거라, -너라, -오' 등은 엄격하게는 형태론적인 이형태라 하기 어려우며, 부분적으로는 수의적인 교체형과 같은 특성을 보인다.

'-아/어'는 일반적으로 해체 또는 반말체의 명령형 어미에 속하는 것으로 분류된다. 이러한 분류는 상대높임법상으로 해라체와 해체 또는 반말체가 서로 다른 등급에 속하는 것을 전제로 하는 것이다. 그러나 '-아/어라'와 '-아/어'의 상대높임법 등분상의 차이는 그렇게 뚜렷하지 않다.

(4) 가. 형, 전화 받아.
　　가'. (*)형, 전화 받아라.
　　나. 철수야, 전화 받아.
　　나'. 철수야, 전화 받아라.

예문 (4가, 가')에서 보듯이 나이 차이가 크지 않은 형제 사이나 친한 선후배 사이에서 해체의 명령은 자연스럽게 쓰일 수 있지만, 해라체의 명령은 언제나 비문법적인 문장이 된다고 할 수는 없어도 자연스러운 것으로 받아들이기도 어렵다.[6] 이렇게 본다면 해체와 해라체가 상대높임법 등분

---

6) 이러한 차이는 다른 문장 유형에서도 확인할 수 있다.

① 가. 철수, ?어디 가니/어디 가.
　　나. 재혁이, 이것 좀 ?가져 가라/가져 가.

위의 예문에서 호격어 '철수'와 '재혁이'는 '철수야', '재혁아'보다는 상대를 좀 더 대우해 준다거나 상대를 좀더 조심스럽게 대하는 호칭어이다. 후자의 호칭어에 대해서는 해라체

상으로 어느 정도 차이를 보인다고도 할 수 있다. 그러나 예문 (4나, 나')
에서 보듯이 대부분의 경우에는 이러한 상대높임법 등분상의 차이가 거의
포착되지 않는다. 즉, 예문 (4나)가 예문 (4나')보다 청자를 대우해 주는 것
으로 이해되지는 않는 것이다. 이것은 임홍빈(1985)에서의 논의처럼 해라
체의 명령과 해체의 명령이 상대높임법상의 의미 차이를 가지는 것이 아
니라 명제적인 의미 차이를 가졌을 가능성을 보여 주는 것이라 할 수 있
고, 다음과 같은 예문들에서의 문법성의 차이는 이러한 가능성을 뒷받침
해 주고 있다.7)

(5) 가. ?*(개한테) 이거 먹어라.
　　나. (개한테) 이거 먹어.

(6) 가. *(도열한 부하들에 대한 명령으로) 뒤로 돌아라.
　　나. (위와 같은 명령으로) 뒤로 돌아.

(7) 가. 깨어라, 청년들아.
　　나. ?*깨어, 청년들아.

(8) 가. 네가 자라면, 우리집 가업을 이어라.
　　나. ?네가 자라면, 우리집 가업을 이어.

(9) 가. (결투 장면에서) 받아라, 나의 쌍칼.
　　나. ?(결투 장면에서) 받아, 나의 쌍칼.

(10) 가. (죄인의 목을 치면서) 이 칼을 받아라.
　　나. ?(죄인의 목을 치면서) 이 칼 받아.

와 해체가 모두 쓰일 수 있지만 전자의 호칭어에 대해서는 위의 예문 ①에서 보듯이 해
체만 쓰일 수 있는 것으로 보인다.
7) 예문 (5)~(10)과 이에 대한 문법성 판단은 임홍빈(1985:301~2)에서 가져온 것이다.

이러한 예문들에서 해라체 명령은 자연스러우나 해체 명령의 성립에 이상이 있는 것에 대해 임홍빈(1985:302~3)에서는 해라체 명령이 해체 명령과는 달리 상대에게 그만큼 생각할 여유를 부여하는 명령이기 때문이라고 설명하고 있다. 이러한 설명에 대해 현재의 필자로서는 이를 뒷받침할 수 있는 근거나 부정할 수 있는 논거를 가지고 있지 않다. 단지 여기에서는 해라체 명령과 해체 명령이 상대높임법 등분상의 차이가 그렇게 명확하지 않으며, 또한 예문 (5)~(10)에서의 해라체 명령과 해체 명령의 문법성에서의 차이를 상대높임법 등분상의 차이로는 설명할 수 없는 것이라는 점을 확인할 수 있을 뿐이다.

'-렴, -려무나'는 권고나 명령의 의미를 가지는 것이지만 상황에 따라서는 청자가 원하는 것을 화자가 허락해 주는 의미가 파악되기 때문에 허락문을 독립시킬 경우에는 허락형 어미로 분류하는 것들이다. 그러나 허락문을 독립된 문장 유형으로 분리시키기 어렵기 때문에[8] 이들은 명령형 어미에 포함시킬 수 있는 예들이다.

> (11) 가. 아가야, 이리 좀 와 보렴.
> 　　　나. 바쁘면 가려무나.

예문 (11나)의 경우 화자는 청자가 원하는 것을 허락해 주는 의미가 파악되지만 (11가)의 경우에는 허락의 의미가 전혀 파악되지 않는다.

'-라'는 소위 간접명령이나 또는 절대명령에 쓰이는 종결어미이다.

> (12) 가. 문교부는 각성하라.
> 　　　나. 다음 중 맞는 답을 고르라.

이들 명령문에 대해서는 단독적 장면에서의 명령이라든가, 구체적인 청자에 대해서 쓰이는 명령이 아니라는 등의 특성이 지적되었지만 본고에서

---

8) 허락문을 독립적인 문장 유형으로 설정하기 어렵다는 것에 대해서는 2장 2.2 참조

는 청자가 대우 중립적인 대상일 때 쓰이는 명령으로 보고자 한다.[9]

1.3. 문말 억양

억양은 '흔히 일상 언어 생활에 쓰이는 이어진 말의 일정한 단위에 되풀이되어 나타나는 소리의 높낮이의 어떤 상태나 변화의 유형'으로 정의된다.(임홍빈, 1993:61) 이러한 억양은 문법적 의미와 태도적 의미를 나타내는 기능을 하는데, 어떤 문법적 의미 기능과 어떤 태도적 의미 기능을 하느냐에 따라 억양의 유형을 나눌 수 있지만 그 유형은 기준에 따라 상당한 편차를 보일 수 있다. 그러나 본 절에서 명령문의 성립 조건의 하나로서 제시하고자 하는 문말 억양의 조건에서는 문법적 의미 기능이 문제가 되며, 여기에서 미세한 억양의 차이는 거의 무의미하다고 할 수 있다. 왜냐하면 우리 인간의 귀가 미세한 억양 차이를 문법적으로 모두 인식할 만큼 감각적이지 못하기 때문이다. 따라서 문장 유형을 구분할 만큼 문법적으로 의미 있는 억양 유형은 상승조, 평탄조, 하강조의 세 가지를 축으로 한다고 할 수 있다. 그러나 국어 문장들의 억양을 살펴보면 하강조와 비하강조의 이원적인 대립현상만 확인된다. 즉, 일반적인 경우 판정의문만 비하강억양이고 설명의문과 평서, 명령, 감탄, 청유 등은 하강억양으로 분류된다.

국어의 문장 유형이 주로 종결어미 형태에 의해 구분되기 때문에 억양 요소가 문법적으로는 잉여적인 기능을 하는 데 그치는 경우가 많지만 다음 예문에서와 같이 형태상으로 구분되지 않는 종결어미 형식에서는 억양이 문장 유형을 결정하는 중요한 기준이 되기도 한다. 억양 표시를 간소화하여 끝에 걸리는 억양만을 화살표로 나타내기로 한다.

---

9) '-라' 명령이 청자가 대우 중립적인 대상일 때 쓰이는 명령이라는 것에 대해서는 4장 2. 참조

  (1) A : 어디 가니?
      B : <u>집에 가</u>↘.

  (2) A : 나도 여기 남을까?
      B : 아니, 너는 <u>집에 가</u>↘.

  (3) <u>집에 가</u>↗?

  예문 (1)~(3)에서 밑줄 친 부분은 상대높임법상으로 소위 해체에 속하는 것으로서 종결어미 형태상으로는 문장 유형이 구분되지 않는다. 그러나 일단 예문 (1)~(2)의 하강억양과 예문 (3)의 비하강억양이 나누어짐으로써 판정 의문을 평서나 명령과 구분할 수 있는 근거를 제시해 준다.
  문말 억양은 해체의 경우뿐만 아니라 하오체의 경우에도 문장 유형을 구분할 수 있는 토대를 제공해 준다.

  (4) A : 어디 가오?
      B : 집에 가오↘.

  (5) 당신은 집에 가오↘.

  (6) 집에 가오↗?

  예문 (4)~(6)에서도 예문 (1)~(3)에서와 마찬가지로 종결어미 형태로는 문장 유형이 구분되지 않지만 문말 억양을 기준으로 하게 되면 예문 (4)~(5)의 평서나 명령과 예문 (6)의 판정의문을 구분할 수 있는 토대를 제공해 준다.
  그러나 평서와 명령은 이들 모두가 하강억양에 속하기 때문에 억양으로 이들을 구분하는 데에는 여전히 어려움이 따른다. 이러한 문제를 해결하기 위해 임홍빈(1984:160)에서는 명령에 급하강 억양을 설정하고, 그 설정 이유를 '완하강의 명령 억양이 불가능한 것은 아니라고 하더라도 촉급한

급하강 명령 억양은 분명 어떠한 종류의 명령에는 필요한 것으로 생각되기 때문이며, 억양이 하강적이면 일수록 강제적인 명령이 되는 것도 부인할 수 없기 때문’이라 설명하고 있다. 이러한 명령의 급하강 억양 설정은 상당한 타당성이 인정되지만, 실제적으로는 급하강 억양과 일반적인 하강 억양의 구분에는 상당한 어려움이 있고, 또한 평서의 경우에도 다음에서와 같이 퉁명스럽게 대답할 경우에는 급하강의 억양이 나타나는 점에 비추어 보면 억양으로써 명령과 평서를 구분하는 데에는 여전히 어려움이 따른다고 할 수 있다.

(7) A : 너 뭐 하니?
    B : 밥 먹어↓.

명령이나 평서가 일반적으로 하강 억양을 형성하지만 화자와 청자가 서로 가청권(可聽圈) 내에 있지만 어느 정도 떨어져 있는 경우에 다음과 같은 발화를 하게 되면 하강 억양이 아닌 평탄 억양에 가깝게 실현된다.

(8) A : 철수야, 밥 먹어→.
    B : 알았어.

(9) A : 철수야, 뭐 하니?
    B : 밥 먹어→.

이러한 억양의 실현은 국어에서 문말 억양이 어느 정도는 잉여적일 수 있고 문장 유형의 결정이 문장의 다른 요소나 발화 상황에 더욱 크게 의존하고 있을 가능성을 암시해 주는 것으로 판단된다. 그러나 하강 억양과 비하강 억양의 구분은 국어의 문장 유형 결정에 어느 정도 유효하다고 틀림이 없는 것으로 생각된다.

2. 명령문의 범위

　명령문은 통상적으로 "요청을 나타내는 통사적 표현으로서 그 고유 의미는 청자에게 어떤 것을 하도록 요청하는 것"10)이라고 정의된다. 그런데 명령문이 나타내는 요청의 의미는 다른 문장 유형들과는 달리 실로 매우 다양한 통사 형식으로 나타난다.

　(1) 가. 밖에 나가서 놀아라.
　　　나. 그것 좀 집어 줘.
　　　다. 자네 이쪽으로 앉게.
　　　라. 돌아가시오
　　　마. 전화 받으세요
　　　바. 안으로 들어가십시오

　(2) 가. 총장은 물러나라.
　　　나. 정부는 수해 방지 대책을 세우라.

　(3) 가고 싶으면 가려무나.

　(4) 가. 5시까지 모두 모이도록.
　　　나. 위의 사람들은 오늘 내로 과사무실에 들를 것.

　(5) 이곳에는 차를 세울 수 없음.

　(6) 가. 출발!
　　　나. 동작 그만.

　(7) 바람아, 불어라.

---

10) Jespersen(1954:468) : The specific expression for a request is the imperative, the proper meaning of which is a request (brutal or humble) to the hearer(s) to do something.

(8) 가. 동생을 때리기만 해라.(만약 그러면 가만 두지 않을 것이다.)
　　 나. 자꾸 장난쳐라.(계속 장난치면 가만 두지 않을 것이다.)

(9) 라면을 넣은 후 3분 동안 끓인다.

(10) 모두들 지금 즉시 운동장에 집합한다.

(11) 여기서는 사진 촬영을 할 수 없습니다.

(12) 다시 한 번 말씀해 주시겠습니까?

(13) 가. 움직이면 쏜다.
　　 나. 나를 도와주면 맛있는 것을 사 주마.

(14) 자식이라면 부모님께 효도해야 한다.

(15) 가. 창문 좀 닫아 줄래?
　　 나. 사진을 확대해 주실 수 있겠습니까?
　　 다. 소리를 줄여 주시지 않으시겠습니까?

(16) 가. 집에 같이 가자.
　　 나. 문 좀 닫자.

(17) 가. 나는 너에게 문을 열 것을 명령한다.
　　 나. 피해를 보상해 줄 것을 요구한다.

　위의 예문 (1)~(17)은 1.1에서 제시한 명령문의 의미·화행상의 적정 조건이라는 측면에서 보면 예문 (8)을 제외하고는 모두 명령문에 포함될 수 있는 것들이다.11) 여기에서 예문 (8)이 제외되는 것은 다음과 같은 이유에

____

11) 이러한 의미·화행적인 측면에서 이들을 모두 명령문에 포함시켜 다룬 논의도 있다. 대
　　표적인 경우로 박영준(1987)과 채영희(1993)을 들 수 있는데, 이들은 각각 아래의 ①,

서이다. 즉, 예문 (8)은 위협이나 협박의 의미를 가지는 것으로서 명령문과 동일한 종결 어미를 사용하고 의미론적으로도 명령문과 동일하게 지시의 의미를 가지기 때문에 문법적인 제약, 즉, 종결의 형식, 2인칭 주어와 서술어를 동작동사로 한다는 점에서는 명령문과 동일하지만 이들은 명령의 발화수반행위를 충족시키기 위해서 전제되어야 하는 화자 중심의 적정 조건(speaker based felicity-condition)에 위배되기 때문이다.12) 즉, 명령에서는 언제나 화자는 제안된 행동이 수행되기를 원하는 적정 조건을 가지는데, 이러한 적정 조건과 상치되기 때문이다.

그리고 1.2에서 제시한 명령문의 형태적인 기준에 의하면 위의 예문 (8)~(17)은 명령문에서 제외된다. 그런데 예문 (7)은 명령의 의미가 아닌 기원의 의미를 가지는데, 이러한 기원의 의미는 명령문이 일정한 화용적인 제약을 받아 나타나는 것이기 때문에 명령문에 포함될 수 있다.(2.1 참

---

②와 같이 명령의 화행을 수행하는 많은 문장들을 분류하고 있으나, 단순한 분류의 단계를 넘어서지 못 하고 있다.

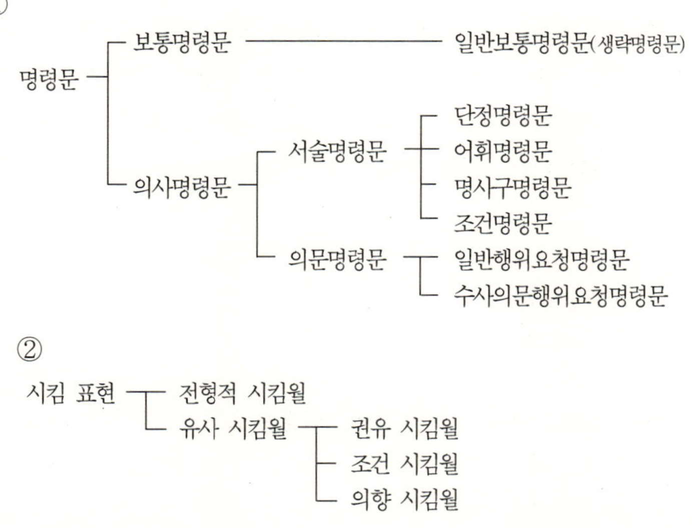

12) Lyons(1977:746), 박금자(1987:75~6) 참조

조) 예문 (4)~(5)는 일반 명령형 종결어미와는 다른 형태의 종결형을 취하는 문장들이지만 명령과 밀접한 관계가 있는 것으로 판단되는 예들이며(5장 참조), 예문 (3)은 허락문이라고 분류하기도 했던 것이지만 명령의 일종으로 다루어지기 때문에 명령문의 범주에 포함시킬 수 있다.(2.2 참조)

2.1. 명령과 기원

기원의 의미는 일반 명령형 종결어미를 취하는 문장에 의해 실현되며, 따라서 형태·통사적인 제약도 일반 명령문과 동일하다는 것은 주지의 사실이다. 따라서 본 절에서는 명령문과 기원문의 형태·통사적인 제약의 동일성을 확인하지는 않을 것이다. 본 절에서 관심을 두고자 하는 것은 동일한 종결어미 형태가 쓰여서 명령의 의미를 나타내기도 하고 기원의 의미를 나타내기도 하는데, 어떤 경우에 명령의 의미를 가지게 되며 어떤 경우에 기원의 의미를 가지게 되는가의 문제이다.

 명령이나 기원은 어떤 상태에 도달하거나 어떤 행위가 이루어지기를 화자가 원한다는 면에서는 동일하다. 그러나 어떤 발화가 명령이 되지 못하고 기원이 되고 마는 것은 일차적으로 명령 수행의 주체에 달려 있다. 즉, 화자가 명령 수행의 주체로 상정하고 있는 대상이 화자의 통제권 속에 있느냐 그렇지 않느냐에 따라 명령이 되느냐 아니면 기원이 되느냐가 결정되는 것이다.

> (1) 가. 바람아, 불어라.
>   나. 비야, 내려라.

위의 예문 (1가, 나)는 일반적으로 명령으로 해석되기는 어렵고, 기원의 의미로 해석되는 예들이다. 이들이 이와 같이 명령으로 해석되지 않고 기원으로 해석되는 것은 명령 수행의 주체인 '바람'이나 '비'가 화자의 명령을 수행할 수 있는 대상이 아니기 때문이다. 명령문의 발화는 화자가 청자를 자신의 통제권 안에 있다고 생각하는 것이 전제된다. 그러나 명령 수행의 대상이 '바람'이나 '비'와 같은 것일 경우 화자가 어떤 초능력을 가지지 않은 이상 이들을 자신의 통제권 안에 있다고 생각할 수 없다. 그렇기 때문에 이러한 문장은 명령문의 형식이기는 하지만 명령의 의미는 가질 수 없고 기원의 의미만을 가지게 된다. 그러나 물론, 화자가 어떤 초능력을 가진 신적인 존재라면 동일한 발화가 기원에 머무는 것이 아니라 명령으로 이루어질 수 있는 것은 당연하다.

이러한 것은 1.1에서 제시한 의미·화행적인 적정조건의 측면에서도 설명이 가능하다. 명령이 성립하려면 명령 수행의 대상보다 화자가 권위가 있어야 한다는 예비 조건이 충족되어야 하고, 이러한 예비 조건의 충족 여부는 명령 수행의 대상이 화자의 통제권 안에 있거나 화자가 제어가능한 대상이냐 아니냐에 의해 결정된다. 그런데 위의 예문 (1가, 나)의 명령 수행의 대상인 '바람'이나 '비'는 화자의 통제권 안에 있거나 제어 가능한 대상이 아니기 때문에 이들 예문은 명령의 예비 조건에 위배된다고 할 수 있다.

'하소서'체에 해당하는 예들도 이러한 관점에서 바라볼 수 있다. 하소서체는 일반적으로 명령의 의미를 가지는 것으로 해석되지 않는다.[13]

 (2) 가. 신이시여, 저에게 축복을 내려주소서.
   나. 왕이시여, 만수무강하소서.
   다. 부처님, 자비를 베푸소서.

이것은 하소서체가 일반적으로 신이나 신적인 존재를 명령 수행의 주체로 삼기 때문이다. 즉 이들은 명령 수행의 주체가 화자의 통제권 안에 있

---

13) 이러한 근거에서 서정수(1994:349~50, 356)에서는 명령문의 하위 범주로 청원문 또는 기원문을 설정하여 하소서체를 청원문으로 분류하고 그 의미 기능을 '기원, 탄원, 간청' 등으로 규정하고 있다.

다고 가정하는 명령의 전제가 적용될 수 없기 때문인 것이다. 즉, 명령의 의미·화행적인 적정조건의 측면에서 보면 예문 (1가, 나)와 마찬가지로 화자가 명령 수행의 주체보다 권위가 있어야 한다는 예비 조건에 위배되는 것이다.

그러나 하소서체의 경우 예를 들어, 병이 들어 죽게 된 왕이 있고, 왕의 병을 고칠 수 있을 뿐만 아니라 만수무강하게 할 수 있는 약이 있음에도 불구하고 왕은 무슨 이유에서인지 약을 먹지 않으려고 할 때, 신하들이 다음과 같은 발화를 했다고 가정해 보자.

(3) 왕이시여, 어서 이 약을 드시고 만수무강하소서.

이러한 경우의 예문 (3)과 같은 발화는 예문 (2나)와 마찬가지로 동일한 하소서체이기는 하지만 결코 기원의 의미를 가진다고는 할 수 없으며, 명령의 의미를 가지는 것이 분명하다고 할 수 있다.[14] 이렇게 보면 하소서

---

14) 이러한 예에 비추어 본다면 강창석(1987:49~50)에서 상위자에게는 아예 명령이 가능하지 않다고 하는 견해는 받아들이기 어렵다. 더욱이 강창석(1987)에서 상위자에게 쓰이는 합쇼체가 명령이 아니라고 하는 것은 다음의 예에서 명령의 의미가 파악되는 것을 보면 수긍하기 어렵다.

① 가. 선생님, 이쪽으로 앉으십시오
    나. 아버님, 이 곳에 도장을 찍으십시오

위의 예문 ①에서 화자는 명령 수행의 주체인 '선생님'이나 '아버님'에게 각각 '앉을 것'과 '도장을 찍을 것'을 시키는 것은 아니라고 하기 어렵다. 그리고 만약 이들이 상대방에게 어떤 행동을 시키는 것이 아니라고 한다면 합쇼체를 명령에서 제외시켜야 하는데 그렇게 되면 다른 상대높임법에 속하는 명령문과 합쇼체의 명령문이 가지는 통사적인 공통점을 어떻게 설명할 수 있는지의 문제는 결코 해결하기가 쉽지 않을 것이다. 그리고 '명령'이 사전적으로는 분명히 다른 사람에게 무엇을 하도록 시킨다는 의미를 가지는 것이기 때문에, 만약 '명령문'의 '명령'의 의미가 이런 뜻에 한정된다면 상위자에 대한 명령은 근본적으로 불가능하다고 할 수 있지만, '명령문'에서의 '명령'은 이러한 축자적인 의미에 국한되는 것이 아니라 상대방으로 하여금 어떤 행위를 하도록 이끈다는 좀더

체의 경우 기원이 되느냐 명령이 되느냐는 상황에 의해 결정된다고 할 수 있다. 그러나 명령 수행의 대상이 '신'과 같은 절대적인 존재인 경우에는 어떠한 경우에도 명령을 내릴 수 있는 상황을 상정할 수 없다. 그렇기 때문에 하소서체의 경우 특별한 상황이 전제되는 경우가 아니면 명령의 의미를 가질 수 없다고 할 수 있다. 더욱이 인간이면서 신적인 지위를 가진, 거의 유일한 대상이었던 '왕'이 존재하지 않는 현대국어적인 상황에서는 하소서체가 명령의 의미를 가지고 쓰이는 경우는 없다고 할 수 있다. 현대국어에서 하소서체가 기도문과 같이 기원의 의미를 가지는 경우에만 쓰이는 이유가 바로 여기에 있다.

그렇지만 이와 같이 하소서체의 쓰임이 제한된 범위에서 가능하고, 그러한 제한된 범위에서 기원의 의미로만 사용된다고 해서 '하소서'가 기원의 의미만을 나타낼 수 있다고 할 수는 없다. 왜냐하면 하소서체가 명령의 의미로 쓰이지 않는 것은 명령의 의미로 쓰일 수 있는 상황이 현실적으로 상정될 수 없기 때문이지 '하소서' 자체가 명령의 의미를 나타낼 수 없기 때문은 아니기 때문이다.

명령의 의미를 가지지 못하고 기원의 의미만을 가지게 되는 원인이 명령 수행의 주체에 있는 것이 아니라 명령문의 서술어에 의해 표현되는 명령 수행의 내용에 있는 경우도 있다.

  (4) 가. 철수야, 건강해라.
      나. 행복해라.

예문 (4)의 경우 주로 인사말처럼 쓰이는 예인데 명령의 의미로 해석하기는 어렵다. 이것은 명령 수행의 주체가 건강하거나 행복하기 위해서 어떤 행위를 한다는 것을 상정하기 어렵고, 그렇기 때문에 화자도 이러한 발화로써 청자에게 구체적인 어떤 행위를 요구하는 것도 아니기 때문이다. 따라서 이러한 예들은 명령의 의미·화행적 적정조건이라는 측면에서 보면

포괄적인 의미를 가지는 것이다.

청자가 행위를 수행할 수 있음을 화자가 믿는다는 예비 조건에 위배되는 것이고, 또한 청자가 행위를 하게끔 화자가 시도한다는 기본 조건도 충족시키기 어렵다고 할 수 있다.

2.2. 명령과 허락

아래의 예문에서 B의 발화는 형태상의 특이성 때문에 허락문이라는 독립된 문장 유형으로 분류되기도 했던 것들이다.

> (1) 가. A : 엄마, 나 텔레비전 봐도 돼?
>   B : 보려무나/보렴.
>   나. A : 철수, 이것 좀 잠깐 빌려가면 안 되겠나?
>   B : 빌려가게나.

위의 예문에서는 화자가 청자에게 어떤 행위를 요구하거나 시킨다는 의미는 거의 파악되지 않고, 단지 청자가 하고 싶어하는 어떤 행위를 하도록 화자가 허용하는 의미만 파악된다. 이것은 이들 발화가 일반 명령문과는 달리 행동 수행의 주체가 어떤 행동을 하고 싶다는 의사 표현이 전제될 경우에 자연스럽게 쓰인다는 데서 알 수 있다. 그래서 이들은 일반 명령문이 가지는 의무 양태의 의미는 파악되지 않는다. 그리고 또한 이들의 경우에 일반 명령형 종결어미와는 다른 형태인 '-(으)려무나/(으)렴'이나 '-게나' 등이 쓰이고 있는 것도 이들의 한 특징이라고 할 수 있다. 이러한 형태·의미상의 특징이 허락문을 명령문에서 독립시키는 근거가 되었다.

그러나 이러한 특징을 근거로 허락문을 명령문에서 독립시키기는 어렵다. 왜냐하면 문장 유형의 분류는 일차적으로 형태·통사적인 특징에 바탕을 두고 있는데 허락문이 독립적으로 설정되어야 할 만큼 근거가 확실하지 않기 때문이다. 우선 허락형에 쓰이는 종결어미에는 '-(으)려무나/렴', '-게나', '-구려'[15] 등이 있는데, 이들은 분포상 허락문을 독립시킬 만큼 완전하지 않다. 즉, 상대높임법상으로 허락형이 나타날 수 있는 등급은 해라체, 해체, 하게체에 한정되고 그 밖의 등급에서는 일반 명령문의 형태가 쓰인다.[16]

> (2) 가. 선생님께서 원하신다면 그렇게 하십시오
> 　　나. 그렇다면 당신 생각대로 하시오

예문 (2가, 나)는 각각 합쇼체와 하오체에 해당하는 예로서 분명히 허락의 의미를 가지기는 하지만 일반 명령법 형태가 쓰이고 있다.

그리고 해라체와 해체, 그리고 하게체에 한정되어 쓰이는 허락형조차 명령형 종결어미로 언제든지 교체되어 쓰일 수가 있다.[17]

---

15) 허락문에 쓰이는 형태 '-구려'는 하오체의 감탄문에도 나타나지만 이들은 구조적인 측면에서 구분된다. 즉, 감탄문에서는 동사의 경우, '-구려'가 시제형태를 선행시키지만, 허락문에서는 시제 형태를 선행시키지 않고 어간에 직접 통합되어 쓰인다. 고영근(1974:149), 임홍빈·장소원(1995:369) 참조

16) 일부의 하오체에 대해서도 허락형이 쓰인다고 할 수 있다. 일반적으로 부부 사이에는 하오체가 쓰인다고 할 수 있다. 그래서 다음과 같은 부부 사이의 대화는 하오체로 분류될 수 있다.

> ① A : 막내가 열이 많아서 내일은 병원에를 좀 가 봐야겠어요.
> 　 B : 그렇게 하구려.

그러나 부부 사이가 아니면 하오체를 사용할 상황에서도 허락형으로 '-구려'를 쓸 수가 없다. 본문의 예문 (2나)를 허락문으로 바꾸어 놓은 다음 예문은 아내가 아닌 다른 사람에게는 쓰기가 어렵다.

> (2') 나. 그렇다면 당신 생각대로 하구려.

부부 사이와 같은 한정된 경우이기는 하지만 이러한 하오체의 쓰임을 인정한다면 허락형이 하오체에서도 쓰일 수 있다고 할 수 있다.

17) '-구려'의 경우 명령형과 허락형이 구별되지 않는다.

> ① 가. 친정에 일이 있으면 갔다 오구려.
> 　 나. 당신 이것 좀 먹어 보구려.

(3) 가. 가고 싶으면 가려무나/가렴.

가′. 가고 싶으면 가라.

나. 필요하면 가져 가게나.

나′. 필요하면 가져 가게.

또한, 허락형이라고 하는 '-(으)려무나/렴'이나 '-게나'의 경우 허락의 의미는 가지지 않고 순전히 명령의 의미만 가지는 경우에도 쓰일 수가 있다.18)

(3) 가. (재혁이가 심심해서 왔다갔다 함.)

그렇게 심심해하지 말고 철수한테라도 가 보려무나/보렴.

나. A : 자네 집에 좀 가 보게나.

위의 예문 (①가)의 경우 남편이 아내에게 '친정에 갔다 올 것'을 허락하는 의미로 해석될 가능성이 많으나, 예문 (①나)에서는 이러한 허락의 의미는 파악되지 않고, 아래의 명령문과 동일한 일종의 명령인 권유나 권고의 의미를 가질 뿐이다.

①′ 나. 당신 이것 좀 먹어 봐.

이렇게 보면 모든 허락형은 명령형 어미로 교체되어 쓰일 수 있다고 할 수 있다. 그러나 허락형이 언제나 명령형과 교체되어 쓰일 수 있다고 하지만 청자에 대한 화자의 정감적인 태도라는 면에서도 동일하다고는 할 수 없다. 즉, 화자가 청자에게 어떤 친근감을 나타내고자 할 경우에는 허락형이 보다 유리하다는 것이다.

18) 일반적으로는 허락형 '-(으)려무나/렴'이나 '-게나'가 명령형을 대신해서 쓰이기가 어렵다는 것은 분명하다.

① 가. 철수야, 나 좀 도와 다오

가′. ?철수야, 나 좀 도와 주려무나/주렴.

나. 재혁이, 이것 좀 잡아 보게

나′. ?재혁이, 이것 좀 잡아 보게나

예문 (①가, 나)와 같은 명령문이 쓰여야 할 경우에 아무런 전제가 주어지지 않으면 (①가′, 나′)와 같은 발화는 성립하기 어렵다.

　　B : 왜?
　　A : 미국에서 자네 조카가 왔다고 연락이 왔네.

　예문 (4)는 예문 (1)이나 (2)에서와는 달리 행동 수행의 주체가 어떤 행동을 하고 싶다는 의사 표현이 전혀 없는 경우로서 통상적인 경우에는 명령형 어미가 쓰이게 되는 상황이다. 그런데도 우리가 허락형이라고 하는 '-(으)려무나/렴'이나 '-게나'가 어느 정도 자연스럽게 쓰이고 있다.

　허락형 어미의 이러한 분포상의 불완전성은 허락문을 독립된 문장 유형으로 설정하기 어렵다는 것을 나타내 주는 것이라 할 수 있고, 허락형 어미가 쓰일 경우에는 언제나 일반 명령형 어미가 쓰일 수 있다는 것과 허락형 어미도 일반 명령형 어미와 같은 기능을 한다는 것은 허락형 어미가 명령형 어미에 통합되고 허락문이 명령문에 통합될 수 있음을 말해 주는 것이라고 생각된다. 이렇게 보면 허락형 어미와 명령형 어미는 한정된 범위이기는 하지만 수의적으로 교체되어 쓰인다고 할 수 있다.

　허락문을 명령문에 통합시킬 수 있는 근거는 이들이 가지고 있는 통사적인 면에서의 공통성에서도 뒷받침된다. 허락문은 명령문과 마찬가지로 동작동사만을 서술어로 할 수 있다는 것 이외에도[19] '말-'에 의해 부정이 이루어진다는 점에서도 동일하다.[20]

---

19) 서술어가 동작동사에 한정된다고 했을 때 여기에는 '-하다'가 통합되는 일부의 형용사가 포함되는 것은 명령문의 경우에서와 같다. 그래서 다음과 같은 예문도 가능하다.

　　① 좀 성실하려무나.

20) 서정수(1996:349~40)에서도 이러한 지적을 하고 있다. 그는 허락형을 명령법에 소속시키는 것이 여러모로 바람직하다고 지적하면서 그 근거로 네 가지를 들고 있다. 즉, 첫째, 허락형의 형태 {(으)렴}과 {(으)려무나}는 동사하고만 어울려서 행동을 하게 만든다는 점에서 명령법과 동일하고, 둘째, 허락형은 행동자가 2인칭에 한정된다는 점에서 명령법과 동일하며, 셋째, 허락형은 부정법과의 관계에서도 명령법과 다르지 않으며, 넷째, 허락형은 낮춤 등급의 형태만 있어서 그 밖의 등급 특히 높임 등급의 표현에는 명령법 형태를 빌려 쓰고 있기 때문에 대우 표현 형태의 면에서도 허락형은 명령법의 한 특수한 하위 범주라는 것이다.

(5) 가. 가기 싫으면 가지 말려무나.
　　가´. *가기 싫으면 가지 않으려무나.
　　나. 배 고프지 않으면 먹지 말게나.
　　나´. *배 고프지 않으면 먹지 않게나.

또한 허락문의 주어가 2인칭에 한정된다는 점과(예문 (6)), 서술어에 시제 형태소나 인식 양태소가 결합될 수 없다는 점에서도(예문 (7)) 명령문과 공통점을 보인다.

(6) 가. 너도 해 보렴.
　　가´. *나도 해 보렴.
　　가″. *그도 해 보렴.

(7) 가. 졸리면 일찍 자렴.
　　가´. *졸리면 일찍 잤으렴.
　　가″. *졸리면 일찍 자겠으렴.

그리고 우리가 문장 유형을 분류하는 데 있어 중요한 기준으로 삼는 간접인용에서도 명령문과 허락문은 동일한 모습을 보인다.

(8) 가. 전화 한번 해 봐라.
　　나. 철수가 너보고 전화 한번 해 보래.

(9) 가. 전화 한번 해 보렴.
　　나. 철수가 너보고 전화 한번 해 보래.

위의 예문 (8가)와 (9가)는 각각 명령문과 허락문이지만 이들을 간접인용으로 바꾸어 놓은 (8나)와 (9나)는 동일한 모습을 보인다. 감탄문을 간접인용으로 바꾸어 놓으면 평서문과 같이 된다는 점을 고려한다면 간접인용으로 바꾸어 놓았을 경우에 허락문이 명령문과 동일하게 된다는 것이 허락문을 명령문에 포함시켜야 할 결정적인 근거는 되지 못 하지만 적어도 허락문과 명령문이 밀접한 관계에 있다는 것을 보여 주고 있는 것만은 틀림없다고 할 수 있다.

허락문이 행동 수행의 주체가 원하는 행위를 화자가 허락해 주는 의미가 강하다는 측면에서 명령문과 차이를 보인다고 할 수도 있지만 이러한 허락의 의미는 일반 명령문으로서도 가능하고 또한 허락형 어미의 경우에도 허락의 의미 없이 순전히 명령의 의미만을 나타낼 수 있는 것을 보면 허락문과 명령문의 차이는 이들 문장 자체에서 파생되는 차이라기보다는 발화 상황에 의해 야기되는 차이라고 할 수 있다. 따라서 이른바 허락문은 청자가 무엇인가 하고자 하는 의향이 개진하였을 때, 이러한 상황에 대해 청자가 하고자 하는 행위를 하도록 (허락)할 때 쓰이는 명령문이라 할 수 있다. 즉 청자가 어떤 행위를 할 수 있도록 허락해 주기를 원하는 상황에서 쓰이는 명령문일 뿐이다. 이러한 명령문과 허락문의 차이를 인정한다고 하더라도 이들은 모두 상대방으로 하여금 어떤 행위를 유발시킨다는 점을 염두에 둔다면 동일한 발화 수반효력을 가지는 것이라고 할 수 있다.

이러한 것들을 종합해 보면 허락문은 명령문이 그 쓰임에서 미묘한 차이가 있다는 것은 인정되지만[21] 이들을 서로 다른 문장 유형으로 분류하기는 어려운 것으로 판단된다.[22]

---

21) 고영근(1974:148~9; 1976:34~5)에서도 허락문과 명령문이 근본적인 의미에서는 다르지 않다고 하면서도 어느 정도의 차이는 인정된다고 하고 있다. 즉, 허락형이 일반 명령형보다 덜 강제적이고 어조도 덜 경화(硬化)된 것으로 파악하고 있다. 또한 다음 예문에서와 같이 일반적인 명령문이라면 '다오'로 나타나야 될 경우에 '주려무나'가 나타나는 것도 허락문과 명령문의 이러한 차이에 말미암는 것으로 추정하고 있다.

① 이것은 나 주려무나.

22) 서정수(1994:358~60)에서도 허락문이 명령문과 수행력이 동일하다는 점과 통사적인 측면에서 여러 가지로 일치한다는 점을 들어 허락문을 명령문에 포함시키고 있다.

2.3. 명령과 청유

청유문은 화자가 청자에게 같이 행동할 것을 요청하는 문장 종결 형식이지만, 청자에게 어떤 행위를 요구한다는 측면에서 보면 명령문과 동일하다고 할 수 있다. 이러한 동일성을 근거로 청유문을 광의의 명령문에 포함시킬 수는 있다.[23](고영근, 1976:37) 그러나 명령문과 청유문은 구조적인 측면에서 완전히 다른 양상을 보이기 때문에 대부분의 경우 청유문을 독립된 문장 유형으로 설정해 왔다.

주지하다시피 청유문은 명령문과 완전히 다른 형태의 종결어미를 사용한다.[24] 그리고 이러한 종결어미는 허락문의 경우와는 달리 특정 등급의 상대높임법에 한정되어 쓰이는 것도 아니며, 또한 명령형 어미로 대치되어 쓰일 수도 없다. 그리고 청유문은 화자가 청자에게 같이 행동할 것을 요청하는 것이기 때문에 명령문의 주어가 언제나 2인칭에 한정되는 것과는 달리 1인칭 복수인 경우가 일반적이고 자연스러운 것으로 받아들여진다.

(1) 가. 우리 이제 자자.
　　나. (우리) 조금만 더 기다려 봅시다.

예문 (1가, 나)에서 주어는 화자와 청자 모두를 포함한 1인칭 복수가 주어가 된다. 이러한 것에 근거하여 청유문의 주어는 1인칭 복수라는 것이 묵시적으로 인정되어 왔다. 그런데 다음 예문에서 보는 바와 같이 청유문의 주어가 1인칭 복수가 아닌 경우가 있다.

---

23) 청유문을 명령문과 같은 범주에서 다루는 근거는 화자가 청자에게 행위를 요구한다는 의미·화용적인 측면에서뿐만 아니라 형태·통사적인 측면에서도 찾아볼 수 있다. 즉, 일반적으로 지적되듯이 청유문은 명령문과 마찬가지로 원칙적으로 동사에 대해서만 성립하고 형용사에 대해서는 성립하지 않는다든가, 시제나 양태 표시의 형태소가 결합되지 못한다는 것 등이다.
24) 상대높임법에 따른 청유문의 종결어미에 대해서는 고영근(1974:149~50) 참조

(2) 가. 나도 한 곡 부르자.

나. (만원 버스에서) 안으로 좀 들어갑시다.

(3) 가. 거 표 좀 팝시다.

나. 조용히 좀 합시다.

예문 (2가, 나)는 화자인 '나' 혼자의 행위에 관련되는 것이지만 청유문의 형식을 취하고 있고, 예문 (3가, 나)는 화자의 행위는 관련되지 않고 청자의 행위가 문제되는 것이지만 역시 청유문의 형식을 취하고 있다.[25] 이것은 청유문이 화자가 청자에게 같이 행동할 것을 요구하는 것이고, 따라서 청유문의 주어는 1인칭 복수이어야 한다는 청유문의 조건에 위배되는듯이 보인다. 이러한 문제를 해결하기 위해 우리는 다음과 같은 점을 주목하고자 한다. 즉, 예문 (2가, 나)에서는 각각 '내'가 노래를 한 곡 부르거나 '내'가 안으로 들어가기 위해서는 다른 사람 즉, 청자의 협조가 필수적이며, 예문 (2)의 발화는 이러한 청자의 협조를 구하는 것이라는 점, 그리고 예문 (3가, 나)의 경우 '내'가 어떤 행위, 예를 들면 '내'가 표를 사거나, '내'가 책을 읽기 위해서는 청자가 표를 팔거나 조용히 하는, 청자의 협조가 필수적이라는 점에 주목하고자 한다.[26] 그런데 화자에 대한 청자의 협조는 예문 (1)에서와 같이 청자가 화자와 동일한 행위를 함으로써 이루어질 수도 있지만 그렇지 않은 경우도 얼마든지 상정할 수 있다. 화자에 대한 청자의 협조가, 청자가 화자와 동일한 행위를 함으로써 이루어질 경우에는 주어가 1인칭의 복수가 되고 그렇지 않을 경우에는 주어가 1인

---

25) (3가, 나)의 경우 화자의 행위는 관련되지 않고 청자의 행위만 문제되기 때문에 아래와 같이 청자의 행위만 문제되는 명령문으로 바꾸어 쓸 수 있다.

(3') 가. 표 좀 파세요.

나. 조용히 좀 하세요.

26) 주어가 1인칭 복수로 실현되지 않는 청유문에 대한 이러한 해석 방식은 양인석(1976:122 ~4), 조성훈(1988:9~10), 임홍빈·장소원(1995:371)에서도 볼 수 있다.

칭 단수나 2인칭 단수 또는 복수가 된다.[27] 거꾸로 생각하면 청유문의 주어가 1인칭 복수가 되면 화자가 청자에게 화자와 동일한 행위를 할 것을 요구하게 되고, 주어가 1인칭 단수나 2인칭 단수 또는 복수가 되면 동일하지 않은 행위를 요구하게 되는 것이다. 그렇지만 이들은 모두가 화자가 원하거나 화자에게 이익이 되는 방향으로 청자가 협조할 것을 요구한다는 점에서는 공통적이며, 이것은 주어가 표면상 무엇으로 실현되더라도 의미·화용론적으로는 화자인 '내'가 전제되어 있다는 것을 의미한다.

그러나 청유문의 주어가 어떻게 실현되느냐에 따라 화자에 대한 청자의 협조 방식에서는 차이를 보인다. 즉, 청유문의 주어가 1인칭 복수이거나 2인칭일 경우에는 화자에 대한 청자의 협조 행위의 내용이 청유문 자체에 표현되어 나타나기 때문에 청자의 협조 방식이 고정적이지만 주어가 1인칭 단수일 경우에는 청자의 협조 행위가 순전히 상황에 근거한 청자의 추론에 의해 이루어지기 때문에 유동적이다.

>   (4) 가. 우리는 이제부터 음악이나 듣자.
>   나. 좀 비킵시다.
>   다. 나도 한 마디 하자.

예문 (4가, 나, 다)의 주어는 각각 1인칭 복수, 2인칭, 1인칭 단수인데, (4가, 나)의 경우에는 화자가 청자에게 요구하는 행위가 문면에 나타나 있지만 (4다)의 경우에는 그렇지 않다. 그래서 (4다)의 경우에는 청자가 화자에게 협조하기 위해 할 수 있는 행동은 상황에 따라 마이크를 넘겨 줄 수도 있고 사회자가 발언 기회를 줄 수도 있는 것이다.

이러한 것을 종합해 보면 청유문의 개념을 '화자가 청자에게 같이 행동할 것을 요청하는 문장 종결 형식'으로 한정할 것이 아니라, '화자가 청자에게 같이 행동할 것을 요청하거나 협조를 구하는 문장 종결 형식'으로

---

27) 청유문이 청자에게 행위를 요구한다는 점에서는 명령문과 성격을 같이하기 때문에 명령문과 마찬가지로 3인칭 주어는 가능하지 않다.

확대하는 것이 언어 현실에 보다 부합하는 것으로 판단된다. 청유문을 이렇게 규정하면 화자와 동일하지는 않은 행위를 요구하는 청유문, 즉, 1인칭 단수나 2인칭을 주어로 하는 청유문을 포괄할 수 있게 되고, 청유문의 주어를 1인칭 복수로 한정해야 하는 부담을 덜 수 있게 된다.

지금까지의 논의를 바탕으로 청유문을 명령문과 비교해 보면, 첫째 청유문은 명령문과는 구별되는 독자적인 종결어미 체계를 갖추고 있고, 둘째 명령문의 주어가 언제나 2인칭인 것과는 달리 청유문의 주어는 1인칭이거나 2인칭이라는 점에서 차이를 보인다는 것을 들 수 있다. 물론 청유문의 주어 조건에는 주어가 2인칭이라 하더라도 어떤 식으로든 화자의 참여가 전제되고, 주어가 1인칭 단수라 하더라도 청자의 참여가 필수적이라는 의미·화용론적인 조건이 추가되어야 한다.

청유문의 주어가 가지는 이러한 특성은 주어와 호격어의 지시대상에 있어서도 명령문에서와는 다른 모습을 보여 주게 된다. 즉, 명령문에서는 대부분의 경우 명령 수행의 주체를 가리키는 주어와 청자를 가리키는 호격어의 지시대상이 일치하고, 그렇지 않은 경우에도 명령 수행의 주체가 청자에 포함되거나 청자가 명령 수행의 주체에 포함되지만,(3장 1.1 참조) 청유문에서는 다음 예문에서와 같이 주어와 호격어의 지시 대상이 다르고 또한 아무런 포함관계도 형성되지 않는 경우가 있다.

(5) 가. 철수야, 나도 좀 먹자.
　　나. 학생, 나 좀 내리자.

예문 (5가, 나)는 주어가 1인칭 단수로 실현된 경우인데, 이 때에 호격어와 주어는 각각 '철수'와 '나', '학생'과 '나'로서 서로 다른 대상이다. 또한 호격어의 지시대상에 주어의 지시대상이 포함된다든가 아니면 주어의 지시대상에 호격어의 지시대상이 포함되는 것도 아니다.

문장 유형이 일차적으로 형태·통사적인 특성에 바탕을 둔다는 점을 염두에 둘 때 청유문과 명령문의 이러한 차이는 청유문과 명령문 모두 청자

에게 어떤 행위를 요구한다는 의미상의 동일성만을 근거로 청유문을 명령
문에 포함시키기는 어렵다는 것을 말해 주는 것으로 해석된다.

제3장

명령문의 특성

1. 주어와 호격어

1.1. 주어와 호격어의 지시 대상

국어 명령문에 관한 연구에서 호격어와 주어는 모두가 청자와 명령 수행의 주체를 동시에 지시하는 것이 묵시적으로 인정되어 왔다.[1] 명령문에

---

1) 서정목(1983:215)에서는 명령법에서는 청자 자신이 문장의 주어이면서 행동의 주체, 즉 동작주가 된다고 하고 있다. 또한 박금자(1987:70)에서는 명령문의 주어가 2인칭으로 한정된다고 하고, 명령문에서의 청자, 곧 2인칭의 존재가 실현되는 방식에는 ① 생략되어 문면에 나타나지 않는 경우, ② 2인칭 주어로 나타나는 경우, ③ 호칭어로 나타나는 경우, ④ 3인칭 주어로 나타나는 경우의 네 가지를 들고 있는데 이것은 명령문에서의 청자와 주어가 일치한다는 것을 전제로 한 것이다. 그리고 박영준(1994:174)에서는 "명령문의 주어는 그 특질상 행위의 대상자인 청자가 된다."고 하고 있다. 한편, 채영희(1993:163~4)에서는 명령문의 구성조건의 하나로 '주어=수행자=청자'를 제시하고 있고, 서정수(1995:347)에서도 청자와 명령문의 주어의 지시 대상이 일치한다는 것을 "명령문은 듣는이로 하여금 어떤 행동을 하도록 요구하는 기능이 본질적인 것이므로 그 듣는이가 반드시 있어야 한다. 이 행동자인 듣는이는 명령문 구조에서 주어에 해당하며 명령문 성립의 필수요건이다."라고 명시하고 있다. 이들은 표현에서는 약간씩 차이를 보이고 있지만 청자와 명령 수행의 주

대한 연구가 상대높임법에 따른 명령형 종결어미 중심으로 이루어진 종래의 연구에서는 호격어와 주어의 지시 대상이 무엇인지, 그리고 이들이 같은지 다른지에 대한 것은 관심의 대상이 되지 못 했고, 또한 관심을 가질 필요조차 별로 없었다. 더욱이 일반적인 경우에 호격어와 주어의 지시 대상이 일치한다는 점도 이러한 문제를 관심의 영역 밖으로 밀어 낸 결정적인 원인이 된 것으로 생각된다. 그러나 명령문 종결어미를 중심으로 하는 연구보다 명령문의 의미·화용적인 측면에 보다 많은 비중을 두고 있는 본고의 입장에서는 호격어나 주어와 같은 요소는 면밀히 검토되어야 할 부분이라 판단된다.

명령문에서 호격어와 주어가 가리키는 대상이 일치하고 그 대상은 명령 수행의 주체인 청자라는 인식은 다음 예문에서 보듯이 거의 대부분의 경우에 틀림없는 사실이다.

  (1) 가. 아가야, 이리 와.
     나. 철수야, 그건 형한테 물어 봐라.
     다. 아주머니, 여기 닭발 하나랑 소주 한 병 주세요

  (2) 가. 이 문제는 네가 직접 해결해라.
     나. 당신이 전화 좀 해 봐.
     다. 너희들 너무 그러지 마라.

예문 (1가, 나, 다)의 호격어 '아가야, 철수야, 아주머니'는 청자이면서 동시에 명령 수행의 주체가 되고, 예문 (2가, 나, 다)의 주어 '네가, 당신이, 너희들' 역시 그 지시 대상이 청자이면서 동시에 명령 수행의 주체이다. 명령문에서 호격어와 주어가 지시하는 대상의 일치는 호격어가 실현되는 경우에 주어의 생략을 보다 쉽게 해 주는 요인이 된다. 호격어가 실현되었을 경우에 주어가 특별한 추가 정보를 가지지 않는다면 주어의 실

―――――――――――――――――――

체, 즉 주어를 동일한 대상으로 파악하고 있다는 점에서는 공통적이다.

현은 정보 전달이라는 측면에서는 잉여적이기 때문이다.

이와 같이 거의 대부분의 경우에 명령문에서 호격어와 주어는 지시하는 대상이 일치하지만 다음의 경우와 같이 그 지시 기능에서 차이를 보이는 경우가 있다.

> (3) 가. 철수야, 너하고 재혁이는 내일 아침 일찍 와라.
> 　　나. 김 중위, 김 중위와 1소대는 A지역을 맡도록.
> 　　다. 철수야, 이 정도는 너희가 알아서 해라.

예문 (3가, 나, 다)에서 각각 '철수야, 김 중위, 철수야'는 호격어이고, '너하고 재혁이는, 김 중위와 1소대는, 너희가'는 주어의 역할을 수행하고 있다.[2] 그러나 이들의 지시 대상은 결코 같지 않다. 각각의 호격어가 나타내는 대상이 명령 수행의 주체에 포함되어 있기는 하지만 명령 수행의 주체 전체를 포괄하지는 못한다. 전체 명령 수행자는 주어에 의해서 지시되고 있다. 또한 호격어로 지칭되는 대상 이외의 명령 수행의 주체는 반드시 발화 현장에 있어야 하는 것도 아니다. 물론 이러한 경우에 호격어가 가리키는 대상과 주어가 가리키는 대상이 전혀 무관한 것은 아니다. 호격어가 지시하는 대상은 주어가 나타내는 대상인 명령 수행의 주체 전체에 대한 어떤 대표성이나 대리성을 가지는 것이다. 그러나 호격어가 명령 수행의 주체 전체는 결코 아닌 것이다.[3]

---

2) 예문 (3가, 나)에서 주어로 간주하고 있는 '너하고 재혁이는, 김 중위와 1소대는' 등은 엄격하게 얘기하면 주어가 아니라 주제어이다. 그러나 명령문에서 주제어의 지시 대상은 언제나 주어와 일치하기 때문에(1.3 참조) 이들을 주어로 간주하고 논의하더라도 본 절에서 관심을 갖는, 호격어와 주어의 지시 대상이 일치하느냐 그렇지 않느냐, 그리고 나아가서 일치하지 않는다면 어떻게 다르냐의 문제를 다루는 데 있어서는 무리가 없다고 할 수 있다.
3) 명령 수행의 대상이 상대높임법상 어느 정도 동질적이지 않으면 호격어로 환기된 대상이 명령 수행의 대상 모두에 대해 어떤 대표성이나 대리성을 가진다 하더라도 쓰이기가 어렵다.

　　① 가. *철수야, 너하고 할아버지는 점심 먹고 와라.

명령문에서 호격어가 지시하는 대상인 청자와, 주어가 지시하는 대상인 명령 수행의 주체의 불일치와 비교될 수 있는 예가 평서문에서도 발견된다. 논리적으로 봤을 때 의지를 표현하는 '-겠-' 구문의 경우 평서문에서는 주어와 화자가 일치해야 한다[4]. 그러나 다음 예문에서처럼 주어와 화자가 일치하지 않는 경우를 확인할 수 있다.

> (4) 가. 이 일은 저희가 하겠습니다.
>   나. 저하고 철수가 가겠습니다.
>   다. 경비는 저희 쪽에서 부담하겠습니다.

> 나. *철수야, 너하고 할아버지는 점심 드시고 오세요.

'할아버지'가 발화 현장에 있지 않고, '철수'가 '할아버지'를 대신할 수 있다고 하더라도 위의 예문 (①가, 나)는 비문법적인 문장이 되는데, 이것은 '할아버지'와 '철수'가 높임법상 동질적인 대상이 아니기 때문이다. 즉, '철수'와 '할아버지' 모두가 명령 수행의 주체가 되는데 예문 (①가)는 높임법상 '철수'에게만 적절하기 때문이고, 예문 (①나)는 청자가 아닌 '할아버지'에게만 적절하기 때문이다. 이러한 경우에는 '할아버지'를 직접적인 명령 수행의 주체로 내세울 수가 없고, 다음과 같이 우회적인 표현으로써만 가능하다.

> ② 철수야, 너는 할아버지 모시고 가서 점심 먹고 와라.

그러나 예문 ①의 경우와는 달리 청자가 '할아버지'인 경우에는 다음과 같은 예문이 성립된다.

> ③ 할아버지, 할아버지하고 철수는 점심 드시고 오세요.

4) 이것은 주어와 화자가 일치하지 않는 다음과 같은 예문을 통해 확인된다.

> ① 가. *철수가 반드시 해 내겠습니다.
>   나. *오늘 중으로 네가 꼭 하겠다.

위의 예문 (①가, 나)는 각각 주어가 '철수가'와 '네가'로서 화자와 다른 대상이기 때문에 비문법적인 문장이 되는 것이다.(물론 ①나의 경우 '-겠-'이 추측의 의미로는 해석될 수 있다.) 화자가 다른 사람의 심리적인 태도인 '의지'의 의미를 표현할 수는 없기 때문이다.

예문 (4가, 나, 다)에서의 주어는 각각 '저희가, 저하고 철수가, 저희 쪽에서'이지만 화자는 이들 주어가 가리키는 대상의 일부분에 불과하다. 또한 주어로 지칭되는 모든 대상이 발화 현장에 있어야 하는 것도 아니다. 이 때에도 물론, 화자는 주어가 나타내는 대상에 대한 일종의 대표성이 인정되지만 그렇다고 해서 주어가 지시하는 대상이 화자와 일치하는 것은 결코 아니다.

한편, 예문 (3)이 호격어로 지칭하는 대상이 주어로 지칭하는 대상보다 좁은 것과는 달리, 다음 예문에서처럼 명령문의 주어가 부정 대명사로 나타나는 경우 호격어의 지칭 대상은 주어의 지칭 대상보다 범위가 넓다.

> (5) 가. 애들아, 누가 나 좀 따라 와라.
>   나. 여러분, 아무나 한 분만 앞으로 나오십시오

예문 (5가, 나)에서 호격어 '애들아'와 '여러분'이 가리키는 대상은 주어 '누가'와 '아무나'가 가리키는 대상과 결코 일치하지 않는다. 물론, 이때 호격어의 지시 대상은 주어의 지시 대상을 반드시 포함하고 있어야 한다. 즉, 예문 (5가)의 주어 '누가'는 "호격어 '애들아'로 지시되는 대상 가운데 어떤 한 사람"이어야 하고, 예문 (5나)의 주어 '아무나'는 "호격어 '여러분'으로 지시되는 대상 가운데 어떤 한 사람"이어야 한다. 그러나 직접적으로 명령을 수행할 사람은 호격어 '애들아'나 '여러분'으로 지시되는 대상이 아니고 주어인 '누가'나 '아무나'로 지시되는 대상이다. 이와 같은 현상은 다음과 같은 예문에서도 확인된다.

> (6) 가. 애들아, 이게 필요한 사람은 앞으로 나와라.
>   나. 손님 여러분, 질문이 있으신 분은 손을 들어 주십시오

(6가, 나)의 호격어와 주어는 각각 '애들아'와 '이게 필요한 사람은', '손님 여러분'과 '질문이 있으신 분은'이다. 예문 (6가, 나)는 예문 (5가, 나)와

는 달리 부정 대명사가 주어로 쓰인 것은 아니지만 주어가 특정 대상을 가리키는 것이 아니라는 점에서는 동일하다. 주어의 지시 대상이 호격어의 지시 대상 속에 포함되어 있기는 하지만 양자의 지시 대상이 일치하지는 않는다.[5]

이러한 것을 종합해 볼 때 적어도 명령문에서 호격어와 주어의 지시 대상은 각각 청자와[6] 명령 수행의 주체로 달리 인식되어야 한다. 그러나 청자와 명령 수행의 주체가 일치하지 않을 경우에는 청자가 명령 수행의 주체에 포함되거나 아니면 명령 수행의 주체가 청자에 포함되어야 한다는 제약이 추가되어야 한다. 이러한 인식은 예문 (3)이나 (5) 또는 (6)의 경우에서와 같이 호격어와 주어의 지시 대상이 일치하지 않을 때에는 호격어가 실현되더라도 반드시 주어가 명시되어야 하는 현상을 설명하는 데에도 그 필요성이 제기된다. 주지하다시피 명령문에서는 주변 상황의 도움으로 또는 호격어의 도움으로 주어가 생략되는 것이 빈번하다.(1.2 참조) 그런데 예문 (3)이나, (5) 또는 (6)에서와 같이 주어가 절대로 생략될 수 없는 것

---

5) 청유문의 경우에도 비슷한 현상이 나타난다. 청유문에서 주체는 일반적으로 호격어로 지칭되는 청자와 화자가 된다. 주어로 1인칭의 복수형 '우리'가 상정되는 것은 바로 이 때문이다. 그런데 아래의 예에서처럼 호격어로 지칭되는 청자 가운데 일부만 주체에 포함되는 경우가 있다.

　　① 가. 애들아, 누가 같이 좀 옮기자.
　　　　나. 애들아, 한 사람만 같이 좀 가자.

위의 예문에서 '옮기다', '가다'의 주체에는 화자 이외에 호격어로 지칭되는 청자의 일부만 포함되는 것이다.

6) Levinson(1983:68)에서는 청자를 주변적인 청자(hearer or bystander)와 중심적인 청자(addressee or target)로 구분하고 있는데, 이는 담화 분석에서의 구분과 일치한다. 청자를 이렇게 세분할 경우에 본고에서 사용하는 청자의 개념은 당연히 중심적인 청자를 의미하며, 따라서 호격어가 지시하는 대상도 주변적인 청자가 아니라 중심적인 청자가 된다. 이러한 중심적인 청자라는 의미의 '청자'의 개념은 이승욱(1980)에서의 수령자(受令者)의 개념에 일치한다고 할 수 있다.

은 호격어와 주어가 모두 청자이면서 동시에 명령 수행의 주체인 대상을 지시하는 것이라고 해서는 설명할 수 없는 것이다.

또한 주어가 명령 수행의 주체를 지시하고, 명령 수행의 주체에는 때에 따라서 발화 장면에 있는 청자 이외의 대상이 포함될 수도 있지만, 다음 예문에서처럼 호격어에는 발화 장면에 있는 청자 이외의 대상이 절대로 포함될 수 없는 차이도 바로 주어와 호격어의 지시 대상이 다르기 때문에 발생하는 것이다.

> (7) 가. ?*애들아, 지금 내 방으로 와라.(철수만을 앞에 두고서)
>   나. ?김 중위와 1소대, A지역을 맡도록.(중대장이 몇 명의 소대장만을 모아 놓고서)

위의 예문 (7가)가 성립하기 어려운 것은 호격어 '애들아'가 발화 장면에 있는 청자인 철수 이외의 대상을 포함하고 있기 때문이고, 예문 (7나)가 성립하기 어려운 것도 호격어 '김 중위와 1소대'가 발화 장면에 있지 않은 청자 '1소대'를 포함하고 있기 때문이다.[7]

1.2. 주어의 생략

국어에서의 주어는 그 생략이 비교적 자유롭다. 특히 의문문이나 명령문 등과 같이 상관적 발화 장면에 주로 쓰이는 문장들의 경우 주어의 생략이 거의 필수적인 절차로 받아들여진다. 이는 의문문이나 명령문에서 주어가 어떤 보충적이거나 잉여적인 요소로 인식되기도 한다는 것을 말하는 것이다.[8] 명령문에서 주어의 생략이라는 것이 정보 전달에 있어서의

---

7) 예문 (7나)는 예문 (7가)에 비해 문법성에서 보다 나은 것처럼 느껴진다. 그러나 이것은 일반적으로, '1소대'가 '김 중위'에 소속되어 있어 화자가 호격어로서 '김 중위와 1소대'를 사용하더라도 청자인 '김 중위'의 입장에서는 호격어로 '김 중위'를 사용한 것과 동일하게 받아들이게 될 것이라고 우리가 쉽게 추정할 수 있기 때문이다.

8) 박영준(1994:174)에서는 "명령문이 발화되었다는 것은 곧 청자가 전제되었음을 의미하기

경제성이라는 측면에서 보면 지극히 당연한 결과라고 생각되지만, 생략은, 생략으로 인한 정보의 손실이 어떤 방식으로든 보충이 될 수 없는 경우에는 불가능하다고 할 수 있다. 주어의 생략이, 대부분의 경우 주어가 필수적으로 실현되는 인도·유럽어와는 구별되는 국어의 한 특징으로 지적되기는 했지만 그 생략 조건이 무엇인지에 대한 논의는 찾아보기 어렵다. 명령문은 언제나 청자의 상정을 전제로 하기 때문에 주어의 생략 가능성은 그만큼 크다고 할 수 있으나, 명령문에서도 주어가 외현적인 요소로 실현되는 경우가 있기 때문에 주어의 생략 조건의 제시는 명령문의 성격 구명을 위한 필수적인 작업이라 생각된다. 본 절에서는 명령문에서 주어가 어떤 제약 조건 아래에서 생략될 수 있는지를 밝혀 보려고 한다.

임홍빈(1985)에서는 문장에서 주어가 실현되지 않는 것을 '문체적인 공범주'와 '통사적인 공범주'로 나누고, "국어에 있어 모든 서술어는 반드시 주어를 가져야 한다."는 '주어 전제 조건'을 바탕으로 문체적인 공범주에 대해서는 담화 문맥에 의해 영향을 받는 것으로 설명하고, 통사적인 공범주에 대해서는 다음과 같은 '주어 흡수 조건' 등으로 설명하고 있다.

(1) 상황 공범주 문장의 성립 조건
   계사문에 상황 공범주가 나타날 수 있는 것은 계사문의 주어와 서술어에서 주어의 중요성이 약화되고, 서술어가 주어의 내용을 동시에 표현할 수 있는 의미론적인 특이성에 의한다. (임홍빈, 1985: 343)

(2) 서술어의 주어 흡수 조건
   서술어에 의하여 주어의 내용을 확인할 수 있거나, 서술어가 주어의 의미를 포입

때문에, 명령문에서는 주어가 본질적 요소라기보다는 보충적 요소이다."라고 하고 있다. 명령문의 주어가 문장에서 필수적인 요소라기보다는 어떤 보충적인 요소라는 언급은 Jespersen(1924:222)에서의 "주어는 부가될 수도 있다."(a subject may be added.)라고 한 것이나, Bolinger(1977:8)에서의 "'You shut up.'의 경우 you가 추가된 것으로 느껴지는 반면에 'Shut up.'의 경우 you가 탈락된 것으로 느껴지지 않는다"고 한 것에서도 확인할 수 있다.

> 하고 있을 때, 국어에서 주어는 의미론적으로 서술어에 흡수된 것과 같은 효과를
> 가진다. (임홍빈, 1985: 374)

이러한 설명을 거꾸로 생각한다면 문장이나 담화 문맥 가운데, 생략된 주어가 가지는 정보를 보충해 줄 수 있는 요소가 없을 경우에는 주어의 생략이 불가능하다는 결론은 자연스럽게 도출된다.

명령문에서 주어가 나타나지 않을 수 있는 것도 주어가 나타내는 정보가 어떤 식으로든 다른 성분에 의해 보충될 수 있기 때문이다. 임홍빈 (1985:379)에서는 아래의 (3)과 같은 국어의 공범주 원리를 상정하고, 국어의 통사적인 공범주 내용의 확인은 (4)와 같은 방법에 의해서 이루어진다고 하고 있다.[9]

(3) **국어의 공범주 원리**
　　국어의 공범주는 그 내용이 확인되어야 한다.

(4) 가. 상황 자체에 의하여 주어지는 상황 공범주.
　　나. 서술어의 성격에 의하여 그 주어의 내용이 확인 내지 암시될 수 있는 예의
　　　　공범주 주어. 이 때의 서술어는 주어 흡수 서술어를 말한다.
　　다. 선행사 또는 결속자로부터 그 성격이 의미론적으로나 화용론적으로 유도되는
　　　　것으로 볼 수 있는 예의 공범주.
　　라. 선행사나 결속자에 의하여 성분-지휘(c-command)되는 공범주.

이러한 공범주 원리와 공범주 내용의 확인 방법을 바탕으로 명령문 주어의 생략 또는 비실현을 '문체적인 공범주'와[10] '통사적인 공범주'로 나

---

9) (4)는 임홍빈(1985)에서 통사적인 공범주의 내용을 확인할 수 있는 방법으로 제시된 것이지만 문체적인 공범주에도 그대로 적용될 수 있다고 하고 있다.
10) '문제적인 공범주'보다는 '화용적인 공범주'가 더 적절한 용어로 생각된다. '문체적인 공범주'가 담화 문맥에 영향을 받는 공범주이고, 더욱이 이에 대비되는 것이 '통사적인 공범주'이기 때문이다. 그러나 이러한 용어의 선택이 결정적인 것은 아니기 때문에 본고에서는 임홍빈(1985)에 따라 '문체적인 공범주'를 그대로 사용하기로 한다.

누어 살펴 보고자 한다.

먼저 명령문에서 주어가 생략될 수 있는 것은 어떤 경우인지를 알아 보는 것이 순서일 것이다. 우선 아래의 예문에서와 같이 명령 수행의 대상이 발화 장면에 있는 청자 모두일 때에는 주어가 쉽게 생략되는데, 이 때의 공범주 주어는 문체적인 공범주라 할 수 있다.

(5) 가. 조금만 기다려라.
    가′. 너 조금만 기다려라.
    나. 먼저 내려가 있어.
    나′. 당신 먼저 내려가 있어.
    다. 먼저 가게.
    다′. 자네 먼저 가게.

(6) 가. 여기 앉아라.
    가′. 모두 여기 앉아라.
    나. 좀 나가 있어라.
    나′. 너희들 좀 나가 있어라.
    다. 이리 와 보게.
    다′. 자네들 이리 와 보게.

예문 (5)는 명령 수행의 주체가 한 명인 경우이고 예문 (6)은 명령 수행의 주체가 여러 명인 경우이지만 어느 경우이든지 주어의 유무가 의미의 차이를 일으키지 않는다. 이것은 명령 수행의 주체를 전제로 하는 명령문이 주어의 실현 없이 발화되는 경우 발화 장면에 있는 모든 청자를 명령 수행의 대상으로 삼기 때문이다. 우리는 예문 (5가~다)에 대해 다음과 같은 구조를 상정할 수 있다.

(5) 가″. [TOP ea] [NP ea] 조금만 기다려라.

    나″. [TOP ea] [NP ea] 먼저 내려가 있어.

    다″. [TOP ea] [NP ea] 먼저 가게.

(5가"~다")에서 공범주 알파 주제는 임홍빈(1985:335)의 "적어도 국어의 모든 근문(根文)은 주제를 가진다."는 근문 주제조건에 따라 설정된 것으로서 여기에서는 명령문의 발화 상황에 존재하는 '청자'를 그 내용으로 하는 것이라고 할 수 있다. 이들 구조에서 공범주 알파 주어와 공범주 알파 주제의 내용이 모두 일치하는데, 이것은 발화 장면에 있는 청자 모두를 명령 수행의 대상으로 삼기 때문이다.

임홍빈(1985:335)에서 '문체적인 공범주'는 반드시 선행 발화를 전제로 하고, 주어의 실현에 자의성이 있다는 특성을 들고 있는데, 이러한 특성에 비추어 보면 선행 발화를 전제로 하지 않는 예문 (5)와 (6)은 엄밀한 의미에서는 문체적인 공범주라 하기 어려울는지 모른다. 그러나 주어의 실현에 자의성이 있다는 점과 특별한 제약이 주어지지 않는 한 '명령문의 발화'라는 것 자체가 발화 장면의 청자 모두를 명령 수행의 대상으로 삼음으로써 일종의 선행 발화와 같은 기능을 한다는 점을 고려해 본다면, 명령 수행의 대상이 청자 모두일 경우에 주어가 공범주로 나타나는 것은 '명령문의 발화'라는 담화 문맥에 의한 문체적인 공범주라 할 수 있다. 이것은 다음과 같은 주어 생략 조건으로 요약될 수 있다.

(7) 주어 생략 조건 Ⅰ
　　명령문에서 발화 장면의 청자가 모두 명령 수행자일 경우에 주어는 생략될 수 있다.

호격어가 실현되고 호격어의 지시 대상이 주어의 지시 대상과 일치하는 경우에도 주어가 쉽게 생략될 수 있는데, 이 때의 공범주 주어도 일종의 문체적인 공범주라 할 수 있다.

(8) 가. 철수야, 잠깐 기다려.
　　나. 저기 창가에 앉은 친구, 이 퇴계 선생에 대해서 얘기해 보게.
　　다. 형씨, 술이나 한 잔 받으시오
　　라. 형님, 저 친구 좀 보세요

　　마. 선생님, 이쪽으로 앉으십시오

예문 (8가, 나, 다)는 아래와 같이 주격 조사를 동반하지 않는 주어가 나타날 수 있고 또한 이러한 주어의 실현이 의미의 차이를 야기시키지 않는다.11)

　　(8') 가. 철수야, 너 잠깐 기다려.
　　　　 나. 저기 창가에 앉은 친구, 자네 이 퇴계 선생에 대해서 얘기해 보게.
　　　　 다. 형씨, 당신 술이나 한 잔 받으시오

호격어가 실현되고 호격어와 주어의 지시 대상이 일치할 경우에 주격 조사를 동반하지 않은 주어의 실현 여부가 의미의 차이를 일으키지 않는다는 것은 적어도 해요체 이상의 등급에서는 호격어와 주격 조사가 나타나지 않은 주어가 동시에 실현되는 경우가 없다는 점에서 뒷받침된다. 국어에서 해요체 이상의 등급에 해당하는 대상을 가리킬 수 있는 2인칭 대명사는 없다. 그렇기 때문에 해요체 이상의 등급에서 호격어와 주어가 동시에 나타날 경우에 주어는 보통명사로써 대신해야 하지만, 이렇게 할 경우 다음 예문에서 보듯이 정상적인 국어 문장이 되기 어렵다.12)

---

11) 호격어가 실현된 경우라도 이와 동지표되는 주어가 주격 조사와 함께 쓰이게 되면 의미의 차이를 가져 오게 된다.

　　(8'') 가. 철수야, 네가 잠깐 기다려.
　　　　 나. 저기 창가에 앉은 친구, 자네가 이 퇴계 선생에 대해서 얘기해 보게.
　　　　 다. 형씨, 당신이 술이나 한 잔 받으시오

　　즉, 위의 예문 (8'')를 예문 (8')와 비교해 보면, 예문 (8'')에는 예문 (8')에서는 찾아볼 수 없는 배타적 대립의 의미가 파악된다. 명령문의 주어가 주격 조사를 동반할 경우에 이러한 배타적 대립의 의미를 가진다는 것에 대해서는 본 절의 후반부 참조

12) 해요체 이상의 등급에서 호격어가 나타나더라도 다음 예문에서처럼 주제어나 배타적 대립의 의미를 가지는 주격 조사를 동반하는 주어의 실현은 가능하다.

(8') 라. ?*형님, 형님 저 친구 좀 보세요
　　마. ?*선생님, 선생님 이쪽으로 앉으십시오

　따라서 해요체 이상의 등급에서는 호격어와 주격 조사 없이 나타나는 주어가 동시에 실현되는 경우가 없다고 할 수 있는데[13], 예문 (8'가, 나, 다)에서처럼 해라체나 해체 또는 하게체에서의 주어 '너, 자네, 당신' 등이 특별한 의미를 가진다고 해서는 이러한 현상을 적절하게 설명할 수 없는 것이다. 즉, 해라체-하게체에서 주격 조사를 동반하지 않은 주어가 특별한 의미 기능을 가진다고 했을 때, 이러한 의미 기능을 필요로 하는 상황이 해요체 이상의 등급에서는 발생하지 않는다고 설명해야 하는데, 이것은 논리상 상상하기 어려운 것이다.

　(5가"~다")의 구조에 비추어 보면 예문 (8가~마)의 구조는 다음과 같이 상정될 수 있다.

(9) 가. [VOC 철수1야], [TOP e1] [NP e1] 잠깐 기다려.

　　나. [VOC 저기 창가에 앉은 친구1], [TOP e1] [NP e1] 이 퇴계 선생에 대해
　　　　서 얘기해 보게.

　　다. [VOC 형씨1], [TOP e1] [NP e1] 술이나 한 잔 받으시오

　　라. [VOV 형님1], [TOP e1] [NP e1] 저 친구 좀 보세요

　　마. [VOC 선생님1], [TOP e1] [NP e1] 이 쪽으로 앉으십시오

　이와 같이 호격어가 실현되고 그 호격어가 지시하는 대상이 주어의 지

(8″) 라. 형님, 형님은/형님이 직접 하세요.
　　마. 선생님, 선생님은/선생님이 이쪽으로 앉으십시오

이것은 주제어나 주어의 실현으로 나타내게 되는 대조적 대립의 의미나 배타적 대립의 의미까지 호격어가 나타내 주지는 못 하기 때문이다.

13) 중세국어의 경우에도 존칭의 호격 명사구가 실현되는 경우 이와 동지시되는 대명사 주어가 나타나는 예는 없다. 이것은 현대국어에서와 마찬가지로 존칭 범주에 속하는 대상을 2인칭 대명사화할 수 없었기 때문이다. 이광호(1990) 참조

시 대상과 일치할 경우에 주어가 생략되는 것도 명령 수행의 대상이 청자 모두일 때와 마찬가지로 선행 발화를 전제하는 것은 아니지만 문체적인 공범주로 다루는 데에는 문제가 없다고 할 수 있다. 왜냐하면 청자 모두가 명령 수행의 대상이 되는 경우처럼 주어의 실현이 자의적이고, 호격어가 명령 수행 대상을 가리키는 경우에는 주어에 대해서 선행 발화와 마찬가지의 기능을 하기 때문이다. 물론 호격어로 지시되는 대상과 명령 수행의 주체가 일치할 경우에 한정된다. 이것은 다음과 같은 주어 생략 조건으로 요약될 수 있다.

(10) **주어 생략 조건 Ⅱ**
　　명령문에서 호격어가 실현되고 호격어와 주어의 지시 대상이 일치하며 또한 주어에 배타적 대립의 의미가 부여되지 않을 경우에 주어는 생략될 수 있다.[14]

한편, 다음 예문에서처럼 명령 수행의 주체를 한정하는 주제어가 실현된 경우에도 주어는 생략될 수 있다.

(11) 가. 재혁이는 잠깐만 기다려라.
　　　나. 자네들은 식사를 먼저 하게.

명령문에서 명령 수행의 대상을 한정하는 주제어는 명령 수행의 대상이 다른 대상과 대조적인 대립관계에 있다는 것을 나타낼 때 사용되는 것이다. 그렇기 때문에 명령문에서 주제어의 지시 대상은 언제나 주어의 지시 대상과 일치한다는 것을 전제로 한다. 그러므로 단순히 명령 수행의 주체를 지시하는 기능을 하는 주어는 주제어가 실현되는 경우에는 잉여적일 수밖에 없으며, 또한 공범주로 실현된다. 예문 (11)에 대해서 다음과 같은

---

14) 해요체 이상의 등급에서는 주어가 실현되는 경우가 없기 때문에 주어 생략 조건 Ⅱ의 '주어가 생략될 수 있다'는 설명이 모순을 가지는 듯이도 보인다. 그러나 해요체 이상의 등급에서 주어가 나타나지 않는 것은 국어의 2인칭 대명사 체계의 불완전성에 말미암는 언어 사용의 문제이지 주어의 실현이 원천적으로 봉쇄된 것과는 다른 문제이다.

구조를 상정할 수 있다.

> (12) 가. [TOP 재혁이1는] [NP e1] 잠깐만 기다려라.
> 　　　나. [TOP 자네들1은] [NP e1] 식사를 먼저 하게.

　　주제어가 실현됨으로써 주어가 공범주가 되는 것은 청자 모두가 명령 수행의 주체일 경우나 호격어가 실현되었을 경우에 공범주 주어가 문체적인 공범주로 분류되는 것과는 달리 통사적인 공범주로[15] 분류할 수 있다. 이렇게 분류하는 것은 주제어의 실현에 의한 공범주 주어가 선행 발화를 전제로 하는 것도 아니고, 주어의 실현에도 자의성이 없다는[16] 것에 근거한다. 이것은 다음과 같은 생략 조건으로 요약할 수 있다.

> (13) 주어 생략 조건 Ⅲ
> 　　　명령문에서 명령 수행의 주체를 한정하는 주제어가 실현된 경우에 주어는 생략
> 　　　될 수 있다.

　　지금까지 살펴본 세 가지 경우 이외에는 명령문에서 주어가 공범주로 실현될 수 없다.[17] 그렇다면 명령문에서 주어가 공범주로 실현될 수 없는

---

15) 임홍빈(1985)에서 '통사적인 공범주'의 개념은 '문체적인 공범주'에 대한 대조적인 개념으로 사용하고 있다. 즉, 문체적인 공범주는 선행 발화를 전제로 하고 있고, 주어의 실현에도 자의성이 있는 것과는 달리, 통사적인 공범주는 선행 발화를 전제하지 않는 것이고 주어 실현에도 자의성이 없는(적어도 제약되는) 것이라고 하고 있다.

16) 이에 대한 예외로서 "너는 네가 직접 해라."와 같은 예를 들 수 있다. 이 예문에서 주어 '네가'가 생략된 "너는 직접 해라."가 성립됨으로써 주어의 실현에 자의성을 보이는 경우이고, "너는 네가 선택해라."와 같은 예는 주어 '네가'의 생략을 허용하지 않는("*너는 선택해라."('너는 네가 (직접) 선택하라'는 의미로)), 즉 주어의 실현을 필수적으로 요구하는 경우이다. 이 때 주어 '네가'가 생략되거나 필수적으로 요구되는 것은 주어 '네가'와 부사어 '직접'(또는 이와 부분적으로 대치되어 쓰일 수 있는 '스스로, 몸소' 등)이 의미 기능상으로 중복되는 것과 관련되는 것이다. 그렇기 때문에 주어 '네가' 또는 부사어 '직접' 가운데 하나는 반드시 실현되어야 한다. 이는 주어가 단순히 명령 수행의 주체를 가리키는 것에 그치는 것이 아니라는 것을 의미한다. 이러한 예에 대해서는 보다 정밀한 검토가 필요하다.

것은 어떤 경우인가? 이것은 세 가지 경우로[18] 나누어지는데 첫째로, 명령 수행의 대상이 발화 장면에 있는 청자 모두가 아니고 일부에 한정될 때이다.[19]

---

17) 박영준(1994:174~178)에서는 명령문에서의 주어가 본질적 요소가 아니라 보충적 요소이기 때문에 주어가 표면에 실현되지 않음을 전제하고, 특별한 의미를 부가할 필요가 있을 때만 주어가 실현되는데 이것은 단순한 주어가 아니라 주제어라고 하고 있다. 즉, 명령문에서 주어는 언제나 공범주로 실현되는 것으로 보고 있다. 그러나 이러한 논의는 아무리 넓게 본다 하더라도 주어가 특정 조사와 함께 실현되는 범위 안에서만 그 타당성이 인정될 수 있다. 하지만 명령문에서 반드시 표면적으로 실현되어야 하는 주어 가운데는 특정 조사를 동반하지 않는 경우도 있는데, 이들은 결코 주제어로 볼 수 없으며, 또한 주어가 주격 조사와 함께 실현되는 경우에도 강조의 의미나 배타적 대립의 의미가 있다는 것이 어느 정도 인정되기는 하지만 이들이 전형적인 격표지 자리에 실현된다는 사실을 도외시해야 하는 부담을 안게 된다.

18) 주어가 실현되어야 할 세 가지 경우는 모두 주제어가 실현되지 않는다는 것을 전제로 한다. 이들 세 가지 경우에 해당되더라도 주제어가 실현되는 경우에는 주어는 주어 생략 조건 Ⅲ에 의해 자동적으로 공범주로 실현되기 때문이다.

19) Davies(1986나:144~151)에서는 영어의 명령문에서 명시적인 주어가 쓰이는 것은 주어 없는 명령문이 전달할 수 없는 어떤 정보를 제공할 경우에 한정된다고 전제하고, 명시적인 주어가 쓰이는 경우로서 ① 명령 수행의 주체가 모든 청자를 포함하는 것은 아니라는 것을 나타낼 때, ② 명령 수행의 주체에 청자가 아닌 대상이 포함되어 있을 때, ③ 명령 수행의 주체에 대한 화자의 관심을 강조할 때 등의 세 가지를 들고 있다. 그런데 ③에는 아래의 예문 (1)과 같이 단순한 강조뿐만 아니라 예문 (2)와 같은 대조의 경우도 포함되어 있다.

    (1) Everyone/All of you listen to me.
    (2) The others can go now, but you stay here with me.

예문 (1)과 같이 단순히 강조하는 경우에는 국어에서도 주어로 실현될 수 있으나, 예문 (2)와 같이 명령 수행의 주체를 다른 대상과 대립시킬 경우에는 주어로는 실현될 수 없고 반드시 주제어로 실현되어야 한다.
한편, 서정수(1994:347)에서는 명령문에서 주어가 실현되는 것을 두 가지 경우로 제시하고 있다. 즉, 복수의 청자 가운데 한 사람을 특별히 지정해야 할 때와(너는 여기 앉아라.) 특정한 행동자에게 초점을 두고 명령을 할 때의(여기에는 네가 앉아라.) 두 가지 경우이다.

(14) 가. 재혁이 전화 받아라.
　　　나. 철수 밥 먹어라.

　예문 (14가, 나)는 각각 복수의 청자 가운데서 명령 수행의 주체인 '재혁이'와 '철수'를 지정하는 것이다. 이럴 경우에는 반드시 주어가 명시되어야 하는데, 만약 주어가 외현적으로 실현되지 않게 되면 명령 수행의 대상은 '재혁이'나 '철수'에 한정되지 않고 발화 장면에 있는 청자 모두가 되기 때문이다. 물론 복수의 청자가 아닐 경우에도 예문 (14)와 같은 발화는 가능하다. 그러나 이 경우에는 주어 생략 조건 I 에 의해 주어가 수의적으로 생략될 수 있지만, 주어로써 복수의 청자 가운데 특정 대상을 명령 수행의 주체로 지정할 경우에는 주어 생략 조건 I 이 적용되지 않는다는 점에서 차이를 보인다.
　부정대명사가 명령 수행의 주체일 경우에 주어가 명시되어야 하는 것도 명령 수행의 대상이 청자 모두가 아니기 때문이다.

(15) 가. 누가 좀 나가 봐라.
　　　나. 아무나 좀 와 봐라.

　예문 (15가, 나)의 주어 '누가'나 '아무나'는 특정 대상을 지정하는 것은 아니지만 명령 수행의 대상이 청자 모두는 아니라는 것을 나타낸다는 측면에서는 예문 (14)의 주어 '재혁이'나 '철수'와 마찬가지이다. 이것은 이들 문장에 '너희들 중에'와 같은 말을 추가할 수 있는 것에서 알 수 있다. 명령 수행의 주체가 부정대명사로 명시되었다 하더라도 이것을 결여한 문장은 역시 청자 모두를 명령 수행의 대상으로 하게 되기 때문에 반드시 이는 명시되어야 한다.
　부정대명사가 명령 수행의 주체로 실현되어야 할 상황에서 부정대명사가 주어로 명시되지 않더라도 명령 수행의 대상이 청자의 일부에 한정되는 경우가 있다.

(16) 가. 전화 좀 받아 봐라.
     나. 문 좀 열어 줘라.

예문 (16)과 같은 경우에 부정대명사를 주어로 명시하지 않더라도 부정대명사가 주어로 명시된 것처럼 의미상으로는 명령 수행의 대상이 일부의 청자에 한정되는데, 이것은 현실적인 요인에 의한 것이라고 할 수 있다. 즉, 발화 장면에 아무리 많은 청자가 존재하더라도 전화는 한 사람만 받으면 된다는 것, 그리고 문은 한 사람이 열어 주면 된다는 현실적인 요인에 의해서 이들 예문이 마치 부정대명사가 실현된 예문 (17)과 동일한 기능을 가지게 되는 것이다.

(17) 가. 누가 전화 좀 받아 봐라.
     나. 아무나 문 좀 열어 줘라.

그러므로 예문 (16)이 명령 수행의 내용에 따르는 현실적인 요인에 의해 우연히 부정대명사가 명령 수행의 주체로 실현된 것과 같은 효과를 가지는 것이라고 할 수 있다. 따라서 이것은 부정대명사가 명령 수행의 주체로 실현되는 경우 명령 수행의 내용에 상관 없이 언제나 청자의 일부만을 명령 수행의 대상으로 삼는 것과는 구별되는 것이다.

둘째, 다음 예문에서처럼 호격어가 나타나더라도 호격어의 지시 대상과 명령 수행의 주체가 일치하지 않을 경우에는 주어가 반드시 실현되어야 한다.

(18) 가. 철수야, 너희들 나중에 와라.
     나. 김 군, 자네들 이제 가 보게.

1.1에서 살펴보았듯이 호격어와 주어는 각각 청자와 명령 수행의 주체를 가리키지만 대부분의 경우 호격어의 지시 대상이 주어의 지시 대상이 일치한다. 그러나 예문 (18)의 경우에는 호격어의 지시 대상과 주어의 지

시 대상이 일치하지 않는다. 이런 경우에는 호격어가 제시되더라도 명령 수행의 주체를 모두 포괄하지는 못 한다. 만약 이러한 때에 화자가 주어를 따로 명시하지 않은 예문 (19)와 같은 발화를 하게 되면 그것은 예문 (20)과 동일한 발화 효과를 가지게 된다.

> (19) 가. 철수야, 나중에 와라.
> 　　 나. 김 군, 이제 가 보게.

> (20) 가. 철수야, 너 나중에 와라.
> 　　 나. 김 군, 자네 이제 가 보게.

그래서 화자가 예문 (18)과 같은 의미로, 주어를 명시하지 않은 예문 (19)의 발화를 하게 되면 청자는 극단적인 경우에 예문 (19가, 나)에 대해 각각 "저만 나중에 옵니까, 아니면 다른 애들도 나중에 오라고 할까요?"와 "저만 갑니까, 아니면 다른 애들도 다 가라고 할까요?"와 같은 반문을 하게 될 것이다.

그리고 부정대명사가 주어로 사용될 경우에는 항상 청자의 일부만이 명령 수행의 주체가 되기 때문에 호격어가 제시되더라도 주어가 반드시 실현되어야 한다.

> (21) 가. 애들아, 좀 나가 봐라.
> 　　 나. 애들아, 누가 좀 나가 봐라.

예문 (21나)는 부정대명사가 주어로 실현된 경우로서, 예문 (21가)의 경우 명령 수행의 주체가 호격어로 지시되는 청자 모두에 해당되는 것과는 달리 청자의 일부만이 명령 수행의 주체가 된다.

셋째, 주어가 단순히 명령 수행의 주체를 나타내는 데 그치는 것이 아니라 어떤 추가적인 의미를 가질 경우에는 반드시 주어가 명시되어야 한다. 이러한 추가적인 의미는 주어와 함께 나타나는 조사에 의해 실현되는

것으로서, 이른바 특수조사가 나타내는 의미가 명령 수행의 주체에 추가
될 경우 주어가 반드시 실현되어야 한다는 것은 자명하다.

> (22) 가. 철수야, 너만 들어 와라.
>   나. 재혁이, 자네도 들어 오게.
>   다. 재욱 씨, 재욱 씨는 집에 가세요

　　예문 (22가, 나)의 주어 '너만, 자네도'에는 명령 수행의 주체가 '너, 자
네'라는 것 이외에 단독의 의미와 역동(亦同)의 의미가 추가되어 있다. 그
리고 예문 (22다)의 주어 '재욱 씨는'에도 단순히 명령 수행의 주체가 '재
욱'임을 나타내는 것 이외에 명령 수행의 주체가 배타적임을 나타내는 의
미가 추가되어 있다. 이러한 의미는 호격어에 의해 실현될 수도 없고 그
렇다고 발화 상황에서 추출될 수 있는 것도 아니다. 이것은 순전히 특수
조사와 함께 나타나는 주어에 의해서만 실현될 수 있는 것이다. 따라서
명령 수행의 주체에 어떤 추가적인 의미를 부여하고자 할 경우에는 주어
가 반드시 실현되어야 한다고 할 수 있다.

　　그런데 명령문에서는 주어가 특수조사와 함께 실현되는 경우뿐만 아니
라 주격 조사 '이/가'와 함께 나타나는 경우에도 어떤 추가적인 의미가 파
악된다.

> (23) 가. 철수야, 네가 안내해라.
>   나. 사장님, 사장님이 가 보세요.

　　위의 예문 (23)은 예문 (22)와 마찬가지로 호격어와 명령문의 주어가 동
시에 실현된 예들이다. 또한 호격어의 지시 대상과 주어의 지시 대상이
동일하다. 따라서 주어가 명령 수행의 주체를 지시하는 역할만 한다면 실
현되지 않아야 한다. 그런데 이와 같이 주어가 명시적으로 실현된 것은
주어인 '철수가'와 '사장님이'가 단순히 명령 수행의 주체를 가리키는 데
그치지 않기 때문이다. 예문 (23가)의 '철수가'에는 명령 수행의 주체가

'철수'라는 것 이외에 안내할 사람은 '다른 사람이 아닌 철수'라는 의미가 추가되어 있고, 예문 (23나)의 '사장님이'에는 명령 수행의 주체가 '사장님'이라는 것 이외에 가 볼 사람은 '다른 사람이 아닌 사장님'이라는 의미가 추가되어 있다. 전자의 경우에는 철수가 안내하는 것이 가장 좋은데 철수가 안내하지 않으려고 하는 상황 등에서의 발화를, 후자의 경우에는 어떤 일을 '부장, 과장'이 가서 제대로 해결하지 못한 상황 등에서의 발화를 상정해 볼 수 있을 것이다. 이러한 의미는 다름 아닌 '이/가'에서 비롯되는 것인데, '이/가'에는 격조사적인 기능 이외에 일종의 특수조사적인 기능이 있음을 말해 주는 것이다. '이/가'가 가지는 일종의 특수조사적인 의미 기능은 이들이 결여된 다음 예문과 예문 (23)을 비교해 보면 잘 드러난다.

    (24) 가. 철수야, 너 안내해라.
         나. 사장님, 사장님 한 번 가 보세요

   예문 (23)의 주어 '네가'와 '사장님이'에는 화자의 초점이 집중되어 있다고 할 수 있지만 예문 (24)의 경우 주어인 '너'나 '사장님'에 화자의 초점이 모아진다고 하기는 어렵다.[20] 오히려 예문 (24)의 경우 화자의 관심은 서술어인 '안내해라'와 '가 보세요'에 있다고 할 수 있다.

   주격조사 '이/가'의 이러한 특수조사적인 성격도, 임홍빈(1972, 1974)에서 주격이라고 볼 수 없는 '이/가'를 주제 첨사로 보고 그 의미 기능을 '배타적 대립'이라고 한 것처럼 그 의미 기능상으로는 '배타적 대립'에 해당한다고 할 수 있지만 예문 (23)의 '이/가'를 주제 첨사로 보기는 어렵다. 왜냐하면 이들은 전형적인 격표지의 자리에 나타나는 것이기 때문이다. 주격조사 '이/가'에 격조사적인 기능 이외에 특별한 의미 기능이 있다는 것

---

20) 이러한 화자의 초점 차이는 문장 강세에서도 차이를 보이게 된다. 화자의 초점이 주어에 있는 경우에는 발화할 때 문장 강세가 주어에 놓이게 되고 화자의 초점이 주어에 있지 않은 예문 (24)의 경우에는 적어도 주어에 문장 강세가 놓이지 않는 것이다.

은 이미 많은 연구자들에 의해 여러 차례 확인된 바 있다.[21] 본고에서는 예문 (23)과 같은 경우의 '이/가'가 주격 조사이기는 하지만 단순한 격표시 기능을 하는 데 그치는 것이 아니라 일종의 강조의 기능도 가진 것으로 보고자 한다.[22]

이와 같이 명령문에서 화자가 명령 수행의 주체에 대해 특별한 강조의 의미를 부여할 경우에는 설사 호격어가 실현되고 호격어의 지시 대상이 주어의 지시 대상과 일치한다 할지라도 주격 조사 '이/가'를 동반한 주어가 반드시 실현되어야 한다. 다음의 예문도 이러한 현상을 보여 준다.

> (25) 가. 철수야, 네가 집에 좀 가 봐라.
>   나. 철수, 자네가 호텔로 찾아 가 보게.
>   다. 아저씨, 아저씨가 한번 드셔 보세요

위의 예문 (25가, 나, 다)의 주어 '네가, 자네가, 아저씨가'에는 단순히 명령 수행의 주체가 각각 '너, 자네, 아저씨'라는 것을 나타내기 위한 정보만 포함되어 있는 것이 아니라 이 외에도 명령 수행의 주체가 다른 사람이어서는 안 된다는 배타적 의미가 포함되어 있다. 이것은 아래와 같이 주어가 실현되더라도 주격 조사가 결여된 경우나 주어가 실현되지 않은 경우에는 배타적 의미를 발견할 수 없는 것과 대비된다.

> (25') 가. 철수야, 너 집에 좀 가 봐라.
>   나. 철수, 자네 호텔로 찾아 가 보게.
>   다. 아저씨, 한번 드셔 보세요

---

21) 주격 조사 '이/가'가 격조사적인 기능 이외의 의미 기능이나 특수조사적인 의미를 가지고 있다는 것에 대해서는 임홍빈(1972, 1974, 1979), 신창순(1975), 유동석(1984), 유구상(1986), 선우용(1994) 등 참조

22) 선우용(1994)에서도 임홍빈(1972)에서처럼 주격 조사로 볼 수 없는 '이/가'에 대해 배타적 대립의 의미 기능을 가지는 것으로 파악하여, 이것을 '강화'(reinforcement)라고 하고 있는데, 이러한 배타적 대립이나 강화의 의미 기능은 전형적인 격조사의 경우에도 나타난다고 하고 있다.

　예문 (25'가, 나)의 주어 '너'와 '자네'는 단순히 명령 수행의 주체를 나타내는 기능을 하는 데 그치기 때문에 호격어가 실현되는 경우 생략될 수도 있으나, 예문 (25)의 주어는 추가적인 의미 기능을 가지고 있고, 이 의미 기능은 호격어가 대신할 수 있는 것도 아니기 때문에 주어가 생략될 수 없다.

　이처럼 명령문에서 주어가 주격 조사 '이/가'와 함께 실현되는 경우 일반적으로 추가적인 의미 기능을 가지게 되는데, 다음과 같이 이러한 의미 기능이 파악되지 않는 경우도 있다.

　　(26) 누가 좀 나가 봐라.

　위의 예문 (26)에서 주어 '누가'는 형태상으로는 분명히 명령 수행의 주체를 부정적(不定的)으로 지시하는 '누구'에 주격 조사 '가'가 결합된 것이지만 다른 '이/가' 결합형과는 달리 여기에 초점이 놓이지 않으며 배타적 대립의 의미도 전혀 파악되지 않는다. 이것은 배타적 의미가 성립할 수 있으려면 적어도 명령 수행의 주체가 특정 대상으로 한정되어야 한다는 것을 전제로 하는데, '누가'는 부정대명사로서 가리키는 대상이 부정적이어서 이러한 전제 조건에 위배되기 때문이라고 할 수 있다. 부정사 '누구'가 다음 예문에서와 같이 대조적 대립의 의미 기능을 가지게 되는 '은/는'과 결합하여 쓰일 수 없는 것도 동일한 이유에 의해서이다.

　　(26') ?*누구는 좀 나가 봐라.

이러한 현상은 부정사 '아무'에서도 동일하게 나타난다.

　　(27) ?*아무가 좀 나가 봐라.

　　(27') ?*아무는 좀 나가 봐라.

그러므로 부정사로 쓰이는 '누가'가 형태상으로는 '누구+가'로 이루어져 있다고 하더라도 그 의미 기능은 '누구'와 동일하다고 할 수 있다. 이 것은 예문 (26)의 '누가'를 '누구'로 대치시킨 다음 예문이 아무런 차이 없이 쓰일 수 있다는 것에서 알 수 있다.

    (26″) 누구 좀 나가 봐라.

이것은 '누구-의문'에 나타나는 의문사 '누가'에 언제나 화자의 초점이 놓임으로써 일종의 주제로 기능하는 경우 '누구'로의 대치가 어려운 것과 대비된다.

    (28) 가. 누가 갈 거니?
        가′. ?*누구 갈 거니?
        나. 이런 일은 누가 잘 하지?
        나′. ?*이런 일은 누구 잘 하지?

이러한 현상은 부정대명사를 주어로 하는 명령문이 호격어를 동반하는 경우에도 동일하게 나타난다.

    (29) 가. 애들아, 누가 전화 좀 받아.
        나. 여기요, 누가 좀 와 보세요

위의 예문은 청자의 일부만이 명령 수행의 주체가 되기 때문에 반드시 주어가 명시되어야만 하는 경우이다. 그런데 주어가 청자의 일부만을 지시하기는 하지만 그러한 지시가 부정적이기 때문에 초점도 놓이지 않으며 배타적 대립의 의미도 포착되지 않는다. 이것은 예문 (23)이나 (25)와 같이 호격어가 실현되고 격조사를 동반한 주어가 나타났을 때 배타적 의미가 파악되는 것과 대비된다.

1.3. 주어의 인칭

명령의 화행은 화자가 원하는 어떤 행위를 청자가 수행하게끔 시도하는 것이다. 따라서 명령문의 주어는 논리상 발화 장면에 있는 2인칭만이 가능하다. 그래서 다음과 같이 1인칭이나 3인칭을 주어로 하게 되면 비문법적인 문장이 된다.

    (1) 가. *내가 집에 가라.
        나. *그가 집에 가라.

예문 (1가)가 성립하지 않는 것은 화자가 자신에게 명령한다는 것은 특별한 전제가 없으면 불가능하기 때문이고, 예문 (1나)가 성립하지 않는 것은 발화 장면에 있지 않은 대상을 명령 수행의 주체로 삼기 때문이다.

2인칭 대명사가 아닌 보통명사가 주어로 쓰인 경우에도 그것은 청자를 지시하는 것이므로 2인칭으로 볼 수 있다.

    (2) 가. 철수 어서 들어가라.
        나. 재혁이 차에 타게.

예문 (2)에서 명령 수행의 주체인 주어 '철수'와 '재혁이'가 발화 현장에 있지 않고는 이와 같은 발화를 할 수 없다. 이것은 이들 주어 뒤에 '너'나 '자네'와 같은 2인칭 대명사가 부가될 수 있다는 데서 뒷받침된다.

    (2') 가. 철수 너 어서 들어가라.
         나. 재혁이 자네 차에 타게.

위의 예문에서 보는 바와 같이 2인칭 대명사 '너'나 '자네'가 추가될 수 있는 것은 명령 수행의 주체인 '철수'와 '재혁이'가 2인칭으로 지칭될 수 있는 발화 현장에 있다는 것을 의미하는 것이다.

한편, 부정대명사가 명령문의 주어로 나타나는 경우도 있다.

(3) 가. 누가 이것 좀 잡아 봐라.
　　　나. 아무도 이거 만지지 마라.

부정대명사 '누구'나 '아무'는 대명사 분류상으로는 3인칭에 해당되지만 명령문의 주어로 사용되었을 경우에는 이들을 3인칭으로 볼 수 없다. 왜냐하면 화자가 부정대명사를 명령문의 주어로 사용하는 것은 자신이 마음 속에 정확히 어떤 청자라고 한정하지 않고 청자이면 어떤 사람이나 무방하다고 판단할 때 사용하는 것이기 때문이다.(박금자, 1987:71) 이것은 이들 명령문에 다음과 같이 발화 장면에 복수의 청자가 있다는 것을 의미하는 말을 추가할 수 있다는 것에서 알 수 있다.

(3') 가. 너희들 중 누가 이것 좀 잡아 봐라.
　　　나. 너희들 중 아무도 이거 만지지 마라.

그런데 다음과 같은 '하라'체 명령의 경우 표면상 3인칭을 주어로 하고 있어 명령문의 논리와 실제 사이에서 적지 않은 고민을 가져다 준다.

(4) 가. 만천하 독자여, 꼭 읽으시라.
　　　나. 교향악단이여, 음악을 멈추라.[23]

(5) 가. 정부는 수해 방지 대책을 세우라.
　　　나. 총장은 물러나라.

예문 (4)의 경우 청자를 가리키는 '만천하 독자여'나 '교향악단이여'는 명령문의 주어가 가리키는 명령 수행의 주체를 지시하는 것임에는 틀림없지만 이들이 명령문의 주어가 되는 것은 결코 아니며, 이들은 단지 호격

---

23) 예문 (4)의 (가), (나)는 각각 고영근(1976:35)와 임홍빈(1983:82)에서 인용한 것이다.

어에 불과하다. 이것은 다음과 같은 예문에 비추어 보면 쉽게 이해할 수
있다.

    (6) 가. 철수야, 너 이리 와 봐.
        나. 애들아, 너희들 이리 와 봐라.
        다. 철수, 자네 이리 와 보게.
        라. 여보, 당신 이리 와 봐.

   위의 예문 (6)에서 보면 호격어와 주어가 가리키는 대상이 일치하기는
하지만 호격어와 주어는 각각 '철수야, 애들아, 철수, 여보' 등과 '너, 너희
들, 자네, 당신' 등으로 분리되어 있다. 따라서 주어가 몇 인칭인지는 호격
어에 의해 결정되는 것이 아니다. 우리는 여기에서 호격어가 제시된 경우
에 명령문의 주어로는 반드시 2인칭의 대명사가 쓰인다는 점에 주목하고
자 한다. 물론 다음 예문에서처럼 호격어가 제시되더라도 2인칭 대명사가
주어로 나타날 수 없는 경우도 있다.

    (7) 가. 선생님, 이리 좀 와 보십시오
        나. 아저씨, 이것 좀 주세요

   이들은 합쇼체와 해요체에 해당하는 예들로서 예문 (6)의 해라체, 해체,
하게체의 경우와는 달리 2인칭 주어가 전혀 실현될 수 없다. 그러나 이것
은 해요체나 합쇼체에 해당하는 대상을 가리킬 수 있는 적절한 2인칭 대
명사가 존재하지 않는 국어의 특징에 말미암는 것이다.[24] 따라서 예문 (7)

---

24) 이러한 예들은 주어를 명시할 경우 아래와 같이 호격어에 쓰인 보통명사를 그대로 사용
   하게 된다.

    (7') 가. 선생님, 선생님 이리 좀 와 보십시오,
        나. 아저씨, 아저씨 이것 좀 주세요.

   그러나 현실적으로 이러한 발화는 특별한 상황이 전제되지 않으면 자연스럽게 쓰이기

과 같이 해요체나 합쇼체의 경우 주어는 공범주로 남게 되는데, 만약에 공범주 주어 자리를 메울 수 있는 대상을 상정한다면 그것은 2인칭 대명사에 한정된다고 할 수 있다. 이것은 호격어가 청자를 발화 장면에 끌어 들이는 기능을 하는 것이고(임홍빈, 1983:113), 호격어에 의해 청자가 발화 장면에 도입되고 나면, 청자는 2인칭의 지칭 대상이 되기 때문이다.

그렇다면 예문 (4)의 경우에도 명령문의 주어는 공범주로 실현된 것으로 볼 수 있으며, 공범주 주어를 대신할 수 있는 것을 상정한다면 그것은 2인칭의 대명사이어야 할 것으로 생각된다. 그러나 현실적으로는 이와 같은 간접명령의 공범주 주어를 대신할 수 있는 2인칭 대명사가 존재하지 않는 것은 예문 (7)의 해요체나 합쇼체의 경우와 마찬가지이다. 그렇지만 해요체나 합쇼체의 경우에 2인칭 대명사가 없는 것은 국어 인칭 대명사 범주의 체계상의 빈칸에 말미암는 것이지만 간접명령의 경우에는 이와는 성격이 다르다. 즉, 인칭 대명사는 그 특성상 인칭 대명사 자체에 청자에 대한 화자의 대우 의식이 반영되는 것을 전제로 하는데, 간접명령의 경우에 명령 수행의 주체는 대우 중립적이기 때문에[25] 2인칭 대명사의 사용은 원천적으로 봉쇄되어 있다고 할 수 있다.

예문 (5)로 돌아가기로 하자. 예문 (5)에서는 명령 수행의 주체가 '정부는, 총장은'과 같이 제시되어 있는데 이들은 엄격하게 말하면 명령 수행의 주체를 가리키기는 하지만 주어는 아니고 주제이다.[26] 그렇기 때문에 이들 명령문의 주어는 공범주라 할 수 있고, 따라서 주어의 인칭 문제는 이들 공범주 주어를 대상으로 하여야 한다.

명령의 발화는 명령 수행의 대상이 화자와 동일한 발화 장면에 있는 것을 전제로 한다. 명령 수행의 대상이 화자와 동일한 발화 장면에 있지 않을 경우 화자는 호격어로써 청자를 발화 장면에 끌어 들이게 된다. 그런

어려워 보인다.

25) 간접명령에서 명령 수행의 주체가 대우 중립적이라는 데 대해서는 4장 참조.

26) 명령 수행의 주체가 조사 '은/는'과 함께 나타나는 경우, 이들이 주어가 아니라 주제라는 것은 1.3 참조.

데 예문 (5)에서 명령 수행의 대상이 되는 '정부'나 '총장'은 다음 예문에
서 보듯이 호격어로써는 발화 장면에 끌어 들이는 것이 불가능한 대상이
다.27)

    (5') 가. *정부/*정부야/*정부여, 수해 방지 대책을 세우라.
        나. *총장/*총장아/*총장님/*총장이여, 물러나라.

    그렇다고 해서 이와 같이 호격어가 쓰일 수 없는 상황에서는 명령을 할
수도 없고 명령을 내릴 필요도 없다고 말할 수는 없다. 비록 호격어로써
청자를 발화 장면에 끌어들이지 못 하더라도 적절한 대안만 있다면 얼마
든지 명령은 이루어질 수 있을 것이다. 여기에서 우리는 명령 수행의 주
체인 '정부'와 '총장'이 소위 주제격 조사라고 하는 '은/는'을 취했다는 점
과 이것을 주격 조사인 '이/가'로 대치하였을 경우에 아래의 예문에서처럼
비문법적인 문장이 된다는 점을 주목하고자 한다.

    (5") 가. *정부가 수해 방지 대책을 세우라.
        나. *총장이 물러나라.

    주지하다시피 주제격 조사 '은/는'은 주격 조사 '이/가'와는 달리 화제
도입의 기능이 있다. 물론, 예문 (5)에서 '은/는'은 그 주요 기능인 대조적
대립의28) 기능을 가지고 있는 것으로 판단되지만, 이와 더불어 화제 도입

---

27) '정부'나 '총장'이 호격어가 되지 못하는 이유는 명확하지 않다. 그러나 호격어에는 화자
    의 청자에 대한 어떤 태도나 대우 의식이 포함된다는 것을 감안한다면, 호격 조사 '이
    (시)여'가 아무리 추상적인 대상을 환기할 때 사용되는 것이라 하더라도 청자에 대한 화
    자의 대우 의식이 중립적인 간접 명령의 경우 호격어의 사용이 다른 명령문에서보다 훨
    씬 제약적일 것으로 예상된다. 이것은 다음과 같이 명령의 수행 주체가 '총장'이라 하더
    라도 직접 명령에서는 호격어로서 쉽게 사용될 수 있다는 것에서 뒷받침된다.

    예) 총장, 내일 아침까지 준비해 주시오
28) '대조적 대립'에 대해서는 임홍빈(1972, 1974) 참조

의 기능도 겸하고 있는 것으로 여겨진다. 명령문에서 명령 수행의 주체를 화제의 대상으로 삼는다는 것은 화자가 발화 장면으로 끌어들이는 것과 마찬가지의 결과를 가져오는 것으로 생각된다. 이것은 명령문에서 청자를 발화 장면에 끌어들인다는 점에서는 호격어의 기능과 동일하다는 것을 의미하는데, 호격어와 '은/는' 주제의 이러한 기능상의 동일성은 예문 (4)를 다음과 같이 바꿔 놓을 수 있다는 것과 예문 (8)의 (가), (나)가 별다른 차이 없이 쓰일 수 있다는 점에서 뒷받침된다.[29]

    (4') 가. 만천하 독자는 꼭 읽으시라.
        나. 교향악단은 음악을 멈추라.

    (8) 가. 수고하고 무거운 짐 진 자들아, 다 내게로 오라.
       나. 수고하고 무거운 짐 진 자들은 다 내게로 오라.

이와 같이 '은/는' 주제와 호격어가 청자를 발화 장면에 끌어들인다는 점에서 동일한 기능을 한다고 했을 때, 예문 (4)와 같이 호격어로 청자를 발화 장면에 끌어들이는 경우에 대해 공범주 주어로서 2인칭을 상정한 것과 마찬가지로 예문 (5)와 같이 '은/는' 주제로써 청자를 발화 장면에 끌어들이는 경우에도 2인칭을 공범주 주어로 상정할 수 있다. 이렇게 보면 명령문은 언제나 2인칭이 명령 수행의 주체로서 주어가 된다고 할 수 있다.

한편, 1.1에서 보았듯이 청자와 명령 수행의 주체가 일치하지 않는 경우가 있는데, 이 때의 주어도 2인칭으로 상정될 수 있는지가 문제시될 수 있다.

---

29) 예문 (4)와 예문 (4′)는 미묘한 의미의 차이를 보이는 것으로 판단된다. 즉, 예문 (4′)에서는 예문 (4)에서는 파악할 수 없는 한정의 의미가 파악된다. 그러나 이것은 '은/는'이 가지는 대조적 대립의 의미에 의한 것으로서, 이러한 의미를 호격어가 가지기는 어렵기 때문에 미묘한 의미의 차이를 보이게 되는 것이다. 예문 (8가)와 (8나)의 미묘한 차이도 마찬가지이다.

(9) 가. 철수야, 오늘은 너하고 재혁이가 좀 기다려라.
　　나. 김 중위, 김 중위와 1소대가 A지역을 맡도록.

예문 (9가, 나)에서 명령 수행 주체의 일부가 되는 '재혁이'와 '1소대'는 극단적인 경우 발화 현장에 있지 않을 수 있는데, 이런 경우라면 이들은 2인칭이 될 수 없고 3인칭에 해당되는 것으로 분류되어야 할 것이다. 그러나 예문 (9가, 나)에서 '재혁이'와 '1소대'는 인칭 결정에서 아무런 역할을 하지 못 한다. 왜냐하면 지칭 대상의 인칭 결정에는 화자>청자>제3자의 순서로 영향력을 행사하기 때문이다. 복수의 지칭 대상에 화자가 포함되면 이들을 통칭할 때는 1인칭 복수인 '우리'나 '저희(들)' 등으로 지칭하게 되고(나+너…⇒우리, 저희(들)), 화자가 포함되지 않고 청자와 제3자만 포함되게 되면 이것은 2인칭 복수인 '너희(들)'이나 '당신들' 등으로 지칭하게 되며(너+철수…⇒너희, 당신들) 지칭 대상에 화자와 청자 모두가 포함되지 않고 순전히 제3자만 포함되는 경우에 한해서 이들은 3인칭인 '그들' 등으로 지칭하게 된다. 따라서 예문 (9가, 나)의 경우 주어의 인칭 결정은 순전히 '너'와 '김 중위'에 의해서 이루어진다고 할 수 있는데, 이들은 발화 장면에 있는 청자이기 때문에 모두 2인칭이라고 할 수 있다.

1.4. 호격어의 기능과 형태

호격어는 상관적 발화 장면에서 아주 빈번하게 사용되는 것으로서, 그 역할은 청자를 발화 장면에 끌어들이는 것이다. 그런데 실제 발화에서 호격어가 이러한 역할을 수행하는 것으로 사용될 수 있으려면 반드시 전제되어야 할 조건이 있다. 본 절에서는 이러한 조건을 호격어의 기능이라는 측면에서 몇 가지 대표적인 호격어를 대상으로 하여 살펴보고자 한다.

호격어의 기능은 두 가지로[30] 나누어 살펴볼 수 있다. 첫째는 기본적인

---

30) Davies(1986가:93) 참조.

기능이라고 할 수 있는 정체 확인 기능(identifying function)이다. 정체 확인 기능은 호격어로써 청자가 누구인지를 지시해 주는 기능이다. 이러한 정체 확인 기능이 전제되지 않는다면 청자를 발화 장면에 끌어들인다는 것은 불가능하다. 정체 확인 기능에는, 때에 따라서는 화자의 몸짓이나 눈짓 또는 주변 환경 등도 중요하게 작용하지만 주로 호격어로 쓰이는 말의 의미적인 내용에 의해 이루어진다. 둘째, 호격어로 지칭되는 청자에 대한 화자의 태도를 나타내는 표현적 기능(expressive function)이다.31) 즉 호격어에는 화자와 청자 사이의 친소(親疎) 관계, 상하 관계, 청자의 사회적인 지위에 대한 화자의 평가, 청자에 대한 화자의 감정 등이 반영되어 나타난다.32) 청자가 어떤 대상이냐에 따라 호격조사가 달리 선택되는 것은 전적으로 호격어의 표현적 기능에 의한 것이다. 따라서 아무리 정체 확인 기능을 훌륭하게 할 수 있는 말이라고 할지라도 표현적 기능에서 적절치 못 하게 되면 실제 발화에서는 쓰일 수 없게 된다. 이렇게 호격어의 기능이 이론상으로는 두 가지로 나누어지지만 이러한 호격어의 두 가지 기능은 대부

---

31) 유동석(1990:62)에서 "호격어는 어휘적으로 항상 청자를 지시하면서 화자의 청자에 대한 태도가 반영되는 문장 성분"이라고 규정한 것은 호격어에 표현적 기능이 있음을 밝히는 것이라 할 수 있다.

32) 물론 호격어의 표현적 기능에는 어조나 강세와 같은 운율적인 요소도 개입하게 된다. 동일한 호격어를 사용하더라도 어조를 강하게도 할 수 있고 부드럽게도 할 수 있고 강세를 부여할 수도 있고 그렇지 않을 수도 있는데, 이것에 따라서 호격어의 표현적 기능은 간과할 수 없는 차이를 일으키게 된다.

> ① 가. 철수야, 과일 먹어.
> 　　나. <u>철수야</u>, 과일 먹어.(밑줄은 어조가 강하거나 강세가 부연된 것.)

예문 (①가)의 호격어에는 청자에 대한 화자의 태도가 때에 따라서는 중립적일 수도 있고 친밀감이나 부드러운 태도가 반영되어 나타날 수 있다. 그러나 예문 (①나)에는 화자의 이러한 중립적이거나 긍정적인 태도가 반영될 수 없다. 왜냐하면 호격어에 강세를 부여하거나 강한 어조를 싣게 되는 것은 화자가 청자에게 여러 번 얘기를 했는데도 청자가 화자의 의도대로 따라주지 않았을 때나 화자가 어떤 다른 일로 인해서 기분이 몹시 상한 경우이기 때문이다.

분의 경우 구별되어 이루어지는 것이 아니라 동시에 이루어진다. 본 절에 서는 호격어로 사용되는 몇 가지 대표적인 형태들을 호격어의 정체 확인 기능과 표현적 기능이라는 두 가지 측면에서 살펴 보고자 한다.

호격어로 가장 빈번하게 사용되는 것이 고유명사, 즉 이름인데, 이는 정 체 확인 기능이라는 측면에서는 가장 이상적인 것이다. 왜냐하면 고유명 사는 그 지시 대상이 유일하기 때문에 화자가 지시하고자 하는 대상을 정 확하고 명확하게 가리킬 수 있기 때문이다. 그런데 고유명사가 호격어로 사용할 때 이름만을 사용하느냐 아니면 성과 이름을 함께 사용하느냐에 따라 화자의 표현적 기능에서는 차이를 보이게 된다.

> (1) 가. 철수야, 물부터 마셔.
>   나. 김철수, 물부터 마셔.

예문 (1가, 나)는 명령 수행의 주체인 '철수'가 수행해야 할 행위 내용 면에서는 동일하다. 그러나 예문 (1가)가 청자에게 권유처럼 들릴 가능성 이 많은 반면, 예문 (1나)는 명령처럼 들릴 가능성이 많다. 이것은 호격어 인 '철수야'와 '김철수'가 정체 확인 기능이라는 측면에서는 동일하지만 표현적 기능에서는 차이를 보이기 때문이다. 즉, 호격어 '김철수'는 보다 위압적이고 권위적이며, 또한 공식적이거나 격식적인 표현적 기능을 가지 고 있어서 친구 사이와 같이 허물없이 지내는 관계를 나타내는 호격어로 는 쓰이기가 쉽지 않은 것이다.

아래 예문의 문법성의 차이도 호격어의 이러한 표현적 기능에서의 차이 에 말미암는 것으로 볼 수 있다.

> (2) 가. 철수야, 내일 아침 일찍 와라.
>   나. *철수야, 내일 아침 일찍 오도록.

해라체 명령이나 '-도록' 명령은 상대높임법 등분상으로는 비슷한 위치에 있는 것으로 판단이 되는데 예문 (2나)가 성립하지 않는 것은 호격어 '철수야'가 가지는 표현적 기능이 '-도록' 명령에 부합하지 않기 때문이다.[33]

하지만 호칭어나 관직명과 같은 표현적 기능을 담당하는 추가적인 요소가 나타나지 않는 이름을 호격어로 사용하는 경우, 성과 이름을 함께 쓰든 이름만을 쓰든 이들은 상위자에게는 쓰일 수가 없다. 왜냐하면 이들 속에는 높임의 표현적 기능을 할 수 있는 요소가 전혀 없기 때문이다.

호격어로서 고유명사와 거의 유사하게 사용될 수 있는 것이 별명이다. 별명은 정체 확인이라는 측면에서는 고유명사와 동일하다고 할 수 있지만 그 표현적 기능에서는 많은 차이를 보이는 것이 일반적이다. 왜냐하면 고유명사가 청자에 대한 화자의 정감적인 태도 표현이라는 측면에서 중립적일 수 있지만, 별명에는 반드시 이 자체에 청자에 대한 화자의 정감적인 태도가 반영되어 나타나기 때문이다.[34]

> (3) 가. 철수야, 내일 아침 일찍 와라.
>   나. 게으름뱅아, 내일 아침 일찍 와라.
>   다. 얄랑 드롱, 내일 아침 일찍 와라.
>
> (4) 가. 철수야, 많이 먹어라.
>   나. 돼지야, 많이 먹어라.
>   다. 꽃돼지, 많이 먹어라.

동일한 대상에 대해 호격어로서 이름을 사용할 수도 있고 별명을 사용할 수도 있다. 또한 별명도 보다 긍정적인 의미를 가진 것을 사용할 수도 있

---

33) '-도록' 명령에 대해서는 5장 3. 참조.
34) 별명에는 긍정적인 측면을 부각시킨 것과 부정적인 측면을 부각시킨 것이 있다. 그러나 별명이 아무리 긍정적인 측면을 부각시킨 것이라고 하더라도 상위자에게는 쓰일 수 없다. 이것은 상위자에게 별명을 사용하는 것은 예의에 어긋난 것으로 여기는 화용상의 제약 때문이다.

고 보다 부정적인 의미를 가진 것을 사용할 수도 있다. 예문 (3가)나 (4가)와 같이 이름을 호격어로 사용하는 경우에도 어조 여하에 따라 비중립적인 표현적 기능을 할 수도 있지만, 별명의 경우에는 별명 자체에 이미 긍정적이든 부정적이든 표현적 기능이 내포되어 있기 때문에 어떠한 어조로 발음한다 하더라도 표현적 기능에서 중립성을 띠기가 거의 어렵다. 별명은 신체적 특징이나, 행동적 특징 등에 맞추어 만들어지는 것으로서 좋은 의미의 별명과 좋지 않은 의미의 별명이 있게 마련이다. 예문 (3나)와 (4나)는 좋지 않은 의미의 별명이 호격어로 쓰인 예이고 예문 (3다)와 (4다)는 좋은 의미의 별명이 호격어로 쓰인 예이다. 그러나 별명은 [-격식]과 [-존대] 등의 표현적 기능을 가지고 있기 때문에 윗사람에게뿐만 아니라 격식적인 대상에 대해서나 격식적인 상황에서는 쓰일 수 없다.

화자가 청자의 이름을 모르는 경우, 다음 예문에서와 같이 화자는 청자를 다른 사람들과 구별해 줄 수 있는 한정어를 가진 한정 명사구를 호격어로 사용할 수 있다.

(5) 가. 빨간 옷 입은 학생, 일어 서 보게.
    나. 거기 졸고 있는 친구, 지금까지 내가 한 얘기를 요약해서 말해보게.

한정 명사구가 호격어로 사용될 수 있으려면 호격어의 일차적인 기능인 정체 확인 기능을 적절하게 수행할 수 있는 정보를 한정어가 충분히 제공해 주어야 한다. 만약 한정어가 제공하는 정보가 불충분할 경우에는 호격어로서의 기능을 발휘하기가 어려워진다. 즉, 예문 (5)에서 '빨간 옷 입은 학생'이나 '졸고 있는 학생'이 여러 명인 경우에는 '빨간 옷 입은'이나 '졸고 있는'이라는 한정어가 청자를 다른 사람들과 효과적으로 구별할 수 있는 충분한 정보를 가지고 있지 않기 때문에 이들 호격어는 정체 확인 기능을 하기가 어렵게 된다.

2인칭 대명사가, 이것으로 지칭될 수 있는 대상이 여러 명일 경우 호격어로 사용되기 쉽지 않은 것도 이러한 관점에서 바라볼 수 있다.

(6) 가. 너, 조용히 해라.
    나. 자네, 거기 컵 좀 집어 주게.
    다. 당신, 2호실로 들어 가시오.

예문 (6)에서 '너, 자네, 당신'으로 지칭될 수 있는 대상이 여럿일 경우, 이들 호격어가 내포하고 있는 정보만으로는 청자를 다른 대상과 구별할 수 없다. 2인칭 대명사는 발화 현장에 있는 청자가 모두 지시 대상일 수 있으며, 2인칭 대명사 자체가 특정인을 가리킬 수 있는 어휘적 의미를 가지고 있지 않기 때문이다. 따라서 화자가 2인칭 대명사를 호격어로 사용하여 특정인을 가리키기 위해서는 화자가 손가락으로 가리킨다든가 또는 청자와 눈을 마주친다든가 하는 행동을 동반하지 않으면 안 된다. 화자가 동반시키는 부수적인 행동은 호격어로 사용되는 2인칭 대명사가 호격어로서의 정체 확인 기능을 하기에는 부족하다는 것을 화자가 인식하고 있다는 증거이기도 하다. 이것은 고유명사나 별명을 호격어로 사용할 경우에 이들 자체가 다른 대상과 구별할 수 있는 어휘적 의미를 가지고 있기 때문에 일반적으로 부수적인 행동이 뒤따르지 않는 것과 대비되는 것이다.

또한 부정대명사가 호격어로 사용되지 못하는 것도 2인칭 대명사의 제약과 동일한 맥락에서 설명될 수 있다.

(7) 가. *아무야/*아무, 문 좀 열어 줘라.
    나. *누구야/*누구, 전화 좀 받아 봐라.

호격어는 청자를 다른 대상과 구별시켜 주는 정체 확인의 기능을 가진다. 이것은 다시 말하면 대부분의 경우 호격어는 그 자체 내에 청자의 정체를 확인하는 기능을 수행할 수 있는 내용을 포함하고 있어야 한다는 것이다. 또한 정체 확인 기능을 수행하는 내용에 의해 청자가 지정될 수 있어야 한다. 그런데 부정 대명사는 그 특성상 대상을 부정적(不定的)으로 지시하는 데 그치기 때문에 정체 확인 기능을 수행할 수 있는 내용을 포

함할 수가 없고, 따라서 부정 대명사로는 청자를 지정할 수도 없다.[35]

다음 예문에서와 같이 호격어 자체에 정체 확인 기능을 할 수 있는 어휘의미적 내용이 내포되지 않은 경우도 있다.

    (8) 가. 야, 빨리 와.
        나. 이봐, 너 잠깐 이리 와 봐.
        다. 여봐라, 죄인을 대령시켜라.
        라. 여기요, 물 좀 갖다 주세요

이름이나 별명 등에는 이들 자체에 정체 확인 기능을 할 수 있는 의미적 내용이 포함되어 있어서 지시 대상이 언제나 명확하게 드러나는 데 반

---

35) 부정대명사가 호격어로 쓰이지 못하는 것은 호격어가 갖추어야 하는 정체 확인 기능이 없기 때문이다. 그러나 명령 수행의 주체를 가리키는 명령문의 주어의 경우에도 정체 확인 기능을 가지고 있어야 하는 것은 호격어와 마찬가지이다. 그런데 부정대명사가 주어로는 쓰일 수 있는 것에 비추어 보면 부정대명사가 호격어로 쓰이지 못하는 것이 정체 확인 기능이 없기 때문이 아니라 관용상의 제약 때문일 가능성이 크다. 더욱이 영어의 경우에는 Davies(1986가:94~5)에서 지적되었듯이 다음과 같은 예문에서처럼 부정대명사가 호격어로 쓰일 수 있다는 사실에 주목하면 이러한 가능성은 더욱 크다고 할 수 있다.

    ① The phone's ringing, someone.
    ② I'd like a report on this, somebody.

그리고 다음 예문에서와 같이 '야'가 호격어가 쓰였을 경우 마치 부정대명사가 호격어로 쓰이는 것과 같은 효과를 가질 수도 있다는 것도 이러한 가능성을 뒷받침해 주는 예로 이해된다.

    ③ 야, 전화 받아 봐라.

예문 ③이 단수의 청자를 대상으로 할 경우에도 쓰일 수 있고, 이러한 경우에는 별개의 문제이지만, 복수의 청자를 대상으로 하여 쓰인다면 호격어 '야는 '복수의 청자 가운데 아무나 하나'라는 의미를 가지기 때문에 부정대명사가 호격어로 쓰인 것과 같은 효과를 가진다.

해, 예문 (8)에서의 호격어 '야, 이봐, 여봐라, 여기요' 등에는 정체 확인 기능을 할 수 있는 의미적 내용이 전혀 포함되어 있지 않다. 그래서 이들이 호격어로 쓰일 수 있으려면 반드시 발화 상황의 도움이 있어야 한다. 즉, 발화 상황 속에서 이들로 호칭되는 대상이 누구인지가 쉽게 드러난다는 것이 전제되었을 경우에만 쓰일 수 있는 것이다.

1.5. 주어와 호격어의 구별

국어에서 호격어와 주어의 구별 문제는 필자가 아는 한, 한 번도 제기되어 본 일도 없고 제기할 필요가 없는 문제로 간주되어 왔다. 이것은 많은 경우에 호격어는 호격조사를 띠고 나타나고, 주어도 주격조사를 띠고 나타나기 때문에 호격어와 주어의 구별에는 별다른 어려움이 없는 것으로 간주되어 왔기 때문이다. 그리고 설사 호격어와 주어가 각각 호격조사와 주격조사를 동반하지 않더라도 실제 발화상으로는 직관적으로 누구나 쉽게 구별해 낼 수 있다고 생각해 왔다. 또한 호격어와 주어를 구별하는 것이 문법 기술에 그다지 큰 도움을 주는 것이 아니고, 그렇기 때문에 호격어와 주어를 구별해야 할 필요성을 별로 느끼지 못 했던 것도 한 요인이 되었던 것으로 생각된다. 많은 경우에 호격어와 주어의 기능 및 지시 대상이 일치하지만, 앞에서 살펴 보았듯이 적어도 명령문에서는 호격어와 주어가 가리키는 대상이 각각 청자와 명령 수행의 주체로 구별되기 때문에 이들을 구별하는 것은 당연한 것이라 생각한다.

호격어가 호격조사 '아/야', '이(시)여'와 결합하여 나타나거나 주어가 주격조사와 결합하여 나타나는 경우에는 적어도 우리의 일반적인 예상대로 호격어와 주어의 구별에 별다른 문제가 없다.

 (1) 가. 철수야, 전화 받아라.
   나. 재혁아, 밥 먹어.

(2) 가. 철수는 내일 일찍 오너라.
　　나. 이 일은 철수가 해라.

　예문 (1)에서 쉼표로써 호격어를 구별하고 있지만 실제 발화상에서는 쉼표가 나타내는 '끊어짐의 억양'이[36] 명확하게 반영되지 않기도 한다. 그러나 그렇다고 하더라도 '철수야'나 '재혁아'가 호격어가 아닌 주어로 이해될 가능성은 없다. 왜냐하면 호격조사 '아/야'에 의해 호격어와 주어가 명확히 구분되고, 끊어짐의 억양은 잉여적인 기능밖에 하지 않기 때문이다. 또한 예문 (2)에서 '철수는'이나 '철수가'는 각각 주제격 조사와 주격 조사를 동반하고 있기 때문에 호격어로 이해될 가능성은 없다.

　또한 아래의 예문 (3)에서처럼 호격어로만 쓰일 수 있고 주어로는 쓰일 수 없는 형태가 쓰이거나 예문 (4)에서처럼 호칭명이나 관직명이 뒤따르는 경우에도 호격어와 주어의 구별에는 별다른 어려움이 없다.

(3) 가. 여보, 이리 좀 와 봐.
　　가. *여보가/여보는 이리 좀 와 봐.
　　나. 이봐, 전화 받아.
　　나. *이봐가/이봐는 전화 받아.

(4) 가. 김 군, 나하고 같이 좀 가세.
　　나. 철수 씨, 식사하세요
　　다. 김 과장, 사장님께 가 봐.

---

36) '끊어짐의 억양'은 임홍빈(1984:159)에서의 용어로서 문장 종결에 나타나는 억양을 가리킨다. 호격어를 독립된 문장이 아닌, 하나의 문장 성분으로 볼 때에는 호격어에 걸리는 것을 정확하게 '끊어짐의 억양'이라고 할 수 있는지에 대해서 의문이 제기될 수 있으나, 호격어를 독립된 문장으로 간주하든, 하나의 문장 성분으로 간주하든 적어도 '끊어짐의 억양'과 동질적인 억양이 호격어에 놓인다는 것은 틀림없다고 할 수 있다. Davies(1986나:135)에서는 호격어에 놓이는 것을 'intonation break'라 하고 있는데 임홍빈(1984)에서의 '끊어짐의 억양'과 동일한 개념으로 이해된다.

예문 (3)에서 '여보'나 '이봐'는 이들의 정체가 정확하게 무엇인지에 상관없이 여기에서는 호격어로 쓰이고 있고 또한 이들은 주어로는 쓰일 수가 없다. 그래서 이들 형태가 문장에 나타나면 주어로 해석될 가능성은 없고 언제나 호격어로만 해석이 가능하다. 예문 (4)의 '김 군'이나 '철수 씨' 그리고 '김 과장' 등은 예문 (3)의 '여보'나 '이봐'와는 달리 특정 조사를 동반할 때에는 주어로 쓰일 수도 있으나 조사가 동반되지 않을 경우에는 호격어로만 쓰일 수 있다.

국어에서 주어는 특별한 격조사를 동반하지 않고 쓰이는 경우가 허다하다. 명령문에서도 역시 명령 수행의 주체인 주어가 격조사를 동반하지 않는 경우가 많다. 그런데 주어로 나타날 수 있는 거의 모든 체언은 그 형태 그대로, 또는 호격조사를 동반하여 호격어로 쓰일 수 있다. 호격조사를 동반하는 경우는 앞에서 이미 살펴보았듯이 주어와의 구별에는 어려움이 없다. 여기에서 문제가 되는 것은 주어로도 쓰일 수 있고 호격어로도 쓰일 수 있는 체언 가운데 호격조사나 특정 격조사를 수반하지 않는 형태가 명령문에 쓰였을 때 이것이 호격어인지 주어인지를 구별하는 것이다. 이러한 문제는 우리가 일반적으로 주어로만 쓰이는 것으로 생각하고 있는 '너, 자네, 당신' 등과 같은 대명사가 예문 (5)에서처럼 주어로 쓰일 수 있을 뿐만 아니라 예문 (6)에서처럼 호격어로도 쓰일 수 있다는 데에서 극명하게 드러난다.

(5) 가. 너 이리 좀 와 봐라.
　　 나. 자네 이것 좀 받게.
　　 다. 당신 전화 좀 받아.
　　 라. 너희들 저기 좀 봐라.

(6) 가. 너, 빨리 집에 가 봐라.
　　 나. 자네, 그것 좀 집어 주게.
　　 다. 당신, 일어나 보시오
　　 라. 너희들, 이리 와 봐.

위의 예문에서 '너, 자네, 당신, 너희들' 등의 대명사가 형태 변화 없이 주어로도 쓰이고 호격어로도 쓰이지만, 이들 대명사가 호격어로 쓰였는지 주어로 쓰였는지는 일차적으로 운율적인 차이로 설명될 수 있다. 즉 끊어 짐의 억양이 나타나는 호격어와 그렇지 않은 주어가 구별되는 것이다. 호격어가 호격 조사를 동반하는 경우에는 억양의 차이가 부차적인 구별 기능을 하지만 호격 조사를 동반하지 않은 호격어가 쓰일 경우에는 억양이 중요한 기능을 하게 되는 것이다. 또한 동일한 형태의 주어와 호격어는 화용적인 관점에서도 차이를 보인다. 즉, 예문 (5가, 나, 다)의 '너, 자네, 당신' 등은 동격적인 청자가 복수일 경우에는 쓰일 수가 없다.[37) 만약, 동격적인 청자가 복수일 때 이러한 발화를 하게 되면 아래와 같이 명령 수행의 주체가 누구인지를 묻거나 확인하는 질문을 받게 되는데, 이는 명령의 화행이 적절하게 이루어지지 못한다는 것을 의미한다.

> (5') 가. 누구 말이니?
> 나. 저 말입니까?
> 다. 저 말이에요?

예문 (5라)의 '너희들'도 청자 전체가 아니라 일부분만을 가리킬 경우에는 역시 쓰일 수가 없다. 만약 '너, 자네, 당신' 등이 동격적인 청자가 복수일 경우에 사용되거나, '너희들'이 청자 전체가 아닌 일부분을 가리키는 용법으로 사용된다면, 화자가 '너, 자네, 당신, 너희들' 등으로써 가리키는 동작의 주체가 명확치 않아서 화자가 원하는 행위가 이루어지기 어렵기 때문이다. 이외는 반대로 예문 (6가, 나, 다)의 '너, 자네, 당신' 등은 화자가 복수의 청자 가운데 하나를 지정할 경우에만 호격어로 쓰일 수 있다. 또한 예문 (6다)의 '너희들'도 전체가 아닌 일부분을 가리킬 때에만 호격

---

37) 여기서의 '동격적인 청자가 복수'라는 것은 화자가 동일한 지칭어로 가리킬 수 있는 대상이 복수라는 것을 말한다. 예를 들면, 예문 (5가)의 경우 대명사 '너'로써 지칭할 수 있는 대상이 '철수' 이외에도 '영수, 민수…' 등이 있을 경우를 가리키는 것이다.

어로 쓰일 수 있다. 이러한 쓰임상의 제약은 흔히 화자가 '너, 자네, 당신, 너희들' 등을 발화하면서 손가락으로 명령 수행 대상을 지적하는 행동을 하는 것에서 뒷받침된다. 그리고 화자는 '너, 자네, 당신, 너희들' 등으로 지칭되는 대상이 확인될 경우에만 그 다음의 발화, 예를 들면 예문 (6가)의 경우 '빨리 집에 가 봐라'와 같은 발화를 할 수 있고 그러한 확인이 이루어지기 전까지는 다음 발화가 이어지지 못한다. 대명사 '너, 자네, 당신, 너희들' 등이 아무런 조사를 동반하지 않고 쓰였을 경우에 이들이 호격어로 사용되는지 아니면 주어로 사용되는지는 끊어짐의 억양이 있느냐 없느냐 하는 운율적인 요인과 이들 대명사가 청자 전체를 가리키느냐 아니면 청자의 일부분을 가리키느냐의 화용적인 요인에 의해 결정된다고 할 수 있다.

호격어와 주어가 함께 실현되는 예들은 두 가지 경우로 나누어진다. 하나는 호격어가 호격조사를 동반하는 경우이고 다른 하나는 주어로는 쓰일 수 없고 호격어로만 쓰일 수 있는 형태가 사용되는 경우이다. 어떠한 경우이든 호격어와 주어의 구별에 별다른 어려움이 없는 것이 일반적이다.

   (7) 가. 철수야, 너 이리 와 봐라.
       나. 애들아, 너희들 이리 와 봐.
       다. 여보, 당신 이리 와 보구려.

예문 (7가, 나)의 '철수야, 애들아'는 호격어가 호격조사를 동반한 경우이고, 예문 (7다)의 '여보'는 호격어로만 쓰일 수 있는 형태이기 때문에 누구나 쉽게 호격어와 주어를 구분할 수 있다. 그러나 다음과 같이 표면적으로는 호격어와 주어가 모두 실현된 것처럼 보이는데 정말 그런지 의심스러운 경우가 있다.

   (8) 가. 철수 자네 이리 와 보게.
       나. 철수 너 이리 와 봐라.

예문 (8)의 '철수'와 '자네', '철수'와 '너'는 예문 (7)의 호격어와 주어의 범렬과 비교한다면 '철수'는 호격어가 되고 '자네'와 '너'는 주어가 되는 것으로 생각된다. 그러나 예문 (8가)의 '철수'가 호격어가 되는 것은 '철수'와 '자네' 사이에 끊어짐의 억양이 개재하는 경우에 한정된다. 만약 예문 (8가)에서 '철수'와 '자네' 사이에 끊어짐의 억양이 개재되지 않으면 '철수 자네' 전체가 주어가 된다. 이 때의 '철수'는 '자네'만으로써는 불완전하고 불명확할 수 있는 명령 수행의 주체를 명확하게 해 주는 기능을 한다. '철수'의 이러한 기능은 일반적으로 '철수 자네'가 문장 가운데 나타나는 다음과 같은 예문에서 보다 분명하게 확인된다.

(9) 이 일은 철수 자네가 맡게.

예문 (9)의 경우에도 '철수' 다음에 끊어짐의 억양이 개재할 때에는 '철수'가 호격어로 쓰일 수 있지만 끊어짐의 억양이 개재되지 않을 경우에 '철수'는 절대로 호격어가 될 수가 없으며, 이 때의 '철수'는 앞에서도 얘기했듯이 '자네'로써 지시되는 대상을 보다 분명하게 한정해 주는 기능을 하게 된다. 이와 같이 하게체의 경우 '철수'가 끊어짐의 억양의 개재 여부에 따라 호격어가 되기도 하고 단지 후행하는 대명사로 지시되는 대상을 보다 분명하게 한정해 주는 기능만을 하기도 하는 것은 '철수' 자체가 특별한 형태의 추가 없이 호격어가 되기도 하고 주어가 되기도 하기 때문이다. 이와는 달리 예문 (8나)의 '철수'는 호격어가 될 수 없고 '철수'와 '너' 사이에 끊어짐의 억양이 개재될 수도 없다. 왜냐하면 해라체에 해당하는 적절한 호격어는 '철수야'이지 '철수'가 아니기 때문에 '철수 너'의 '철수'가 호격어가 되는 것은 원천적으로 봉쇄되어 있는 것이다. 따라서 예문 (8나)와 같은 경우의 '철수'는 후행하는 대명사 '너'가 지시하는 대상을 보다 명확하게 한정해 주는 기능만을 한다. 이러한 사실은 아래의 예문에서 보는 바와 같이 예문 (8가)의 '철수'가 때에 따라서는, 즉 호격어로 쓰이는 경우에는 문장 끝에 나타날 수 있는 데 반해 예문 (8나)의 '철수'는 어떠한 경우에도 문장 끝으로 자리를 이동시킬 수 없다는 것에서 뒷받침된다.

    (8') 가. 자네 이리 와 보게, 철수.
        나. *너 이리 와 봐라, 철수.

앞에서 호격어와 주어가 형태상으로 구별되지 않는 경우에는 끊어짐의 억양이라는 운율적인 요소가 구별 기준이 될 수 있다는 언급을 했으나, 끊어짐의 억양의 개재 여부를 객관적으로 검증할 수 있는 수단이 별로 없다는 것은 여전히 문제로 남는다.[38] 더욱이 대부분의 경우에 호격어와 주어가 가리키는 대상이 일치하기 때문에 그 기능이 겹치는 경우도 많다. 임홍빈(1983:113)에서의 지적처럼 호격어가 청자의 존재를 담화 가운데 끌어 들이기 위한 것이라고 할 때 주어로 쓰이는 것이 호격어만큼 뚜렷하지는 않지만 이러한 청자 도입 기능을 한다고 할 수 있다. 화자와 청자가 공간적으로 어느 정도 떨어져 있을 때에는, 화자는 청자를 담화 가운데로 끌어 들이기 위해서 호격어를 사용할 수밖에 없다. 그런데 담화나 발화 공간이라는 것이 반드시 물리적인 공간만을 의미하는 것은 아니다. 화자와 청자가 일대일로 대면하고 있을 때에도 한참동안 아무런 대화가 이루어지지 않은 상황이나 새로운 얘기를 꺼내고자 하는 경우에는 화자가 어떤 얘기를 시작하기 위해 호격어로써 청자를 담화 장면으로 끌어 들이는 일은 흔한 것이다. 이러한 경우에 호격어가 하는 역할은 어느 정도는 주어에 의해서도 가능한데, 이것은 다음의 두 예문이 차이 없이 쓰일 수 있다는 것에서 지지되고 있다.

---

38) Jespersen(1954:184)에서의 언급도 명령문의 주어와 호격어의 대조가 실제로 매우 피상적이라는 것을 나타내 준다. 즉, you를 문장 밖에 가지고 있는 "You, take that chair!"는 빨리 발음하게 되면 you가 명령문의 주어가 되는 "You take that chair!"가 된다는 것이다. 이것은 호격어가 되느냐 주어가 되느냐는 순전히 문장의 발화 속도에 달려 있다는 것을 의미하는데, 국어에서는 호격조사가 실현되는 경우나 호격어와 주어가 동시에 실현되는 경우에는 발화 속도에 상관없이 호격어와 주어가 쉽게 구별되지만 표면상 구별되지 않는 경우에는 그 사정이 영어에서와 마찬가지이다.

(10) 가. 철수야, 너 이리 와 봐라.

　　　나. 철수 너 이리 와 봐라.

이러한 호격어와 주어의 기능상의 중복이 때에 따라서는 호격어와 주어의 구별을 어렵게 하는 요인이 되는 것으로 생각된다.

2. 서술어

2.1. 서술어의 형태적 특성[39]

명령문의 서술어에는 과거시제의 선어말어미 '-았/었-'이나 인식 양태소 '-겠-', '-느-'가[40] 통합되지 못 한다.

(1) 가. *철수야, 이리 좀 왔어라.

　　　나. *철수야, 전화 좀 받아 보겠어라.

　　　다. *애들아, 모두 모이느어라.

위의 예문 (1가, 나, 다)는 각각 선어말어미 '-았/었-', '-겠-', '-느-'가 명령문의 서술어에 통합될 경우에 비문법적인 문장이 되는 것을 보여 주고 있다. 과거시제의 선어말어미 '-았/었-'이 명령문의 서술어에 통합되지 못

---

39) 본 절의 논의는 주로 박금자(1987)에 의존한 것이다.

40) '-겠-'이나 '-느-'를 인식 양태소로 파악하는 것에 대해서는 각각 안명철(1983)과 임홍빈(1984) 참조. 남기심·고영근(1985)에서처럼 이들을 시제 형태소로 보게 되면 이들이 명령문에 실현되지 않는 이유를 설명하기가 쉽지 않다. 왜냐하면 명령이 발화시 이후나 적어도 발화시와 동시적으로 이루어지는 것이라고 했을 때, 이들이 명령문의 서술어에 통합되어 나타날 수 없는 논리적인 이유를 찾기가 어렵다. 단지, Davies(1986나:5~7)에서 명령문의 특징으로 무주어, 무시제, 부정명령에서의 do의 실현 등이 지적된 것에 비추어 언어보편적인 관점에서 국어의 경우에도 시제요소가 나타나지 않는다고 할 수 있을 뿐이다.

하는 이유는 매우 자명하다. 명령이 이미 주어지거나 행해진 사건에 대해서는 논리상 가능하지 않기 때문이다. 또한 인식 양태소 '-겠-'과 '-느-'는 명제 내용에 대한 화자의 지식이나 믿음을 나타내는 것인데, 이러한 양태적 의미는 언제나 행동에만 관계되는 명령과 무관한 요소이기 때문에 통합이 불가능한 것이다.

그런데 다음 예문에서처럼 명령문의 서술어에 과거시제의 선어말어미인 '-았/었-'이 연결된 것처럼 보이는 예가 있다.

　　(2) 가. 게 섰거라.
　　　　 나. 쉬이 물렀거라.

이들은 홍기문(1947:360)에서 '과거명령'이라 했던 예들인데 명령의 특성상 과거시제의 선어말어미가 연결된 것으로 보기는 어렵다. 명령의 논리상 과거의 의미가 파악될 수도 없고, 또한 실제로 과거의 의미가 전혀 파악되지 않기 때문에 고영근(1976:33)에서 지적했듯이 이들은 하게체 이상의 등급에서는 아래의 예에서 보는 바와 같이 '-아/어 있다(계시다)'의 의존하므로 '아/어 있거라'의 단축형으로 보아야 할 것이다.[41]

　　(3) 가. 서 있게, 서 있으시오, 서 계십시오
　　　　 나. 물러나 있게, 물러나 있으시오, 물러나 계십시오

그러나 이러한 형식은 현대국어에서는 거의 쓰이지 않고 주로 역사극에서나 가끔 볼 수 있을 뿐이다.

---

41) 고영근(1976:33)에서는 이와 같이 표면상 과거시제의 선어말어미 '-았/었-'이 결합된 명령을 완료명령법이라 하고 있다.

2.2. 서술어의 제약

2.2.1. 동작동사의 제약

명령문의 서술어로는 동작동사가 자연스럽게 쓰인다는 것은 주지의 사실이다.

> (1) 가. 신이시여, 굽어 살피소서.
> 나. 이쪽으로 앉으십시오
> 다. 좀 비켜 주세요
> 라. 돌아가시오
> 마. 어서 오시게.
> 바. 날 좀 도와 줘.
> 사. 오늘 중으로 마쳐라.

위의 예문 (1가~사)는 동작동사 '살피다, 앉다, 주다, 돌아가다, 오다, 돕다, 마치다'가 서술어로 쓰인 예들이다. 명령문으로서 아무 이상이 없다. 그런데 아래의 예문에서처럼 서술어가 상태동사이거나 계사 결합형일 경우에는 일반적으로 명령의 기능을 하기 어렵다.

> (2) 가. 인생은 바람이어라.
> 나. *영희야, 좀 예뻐라.

예문 (2가, 나)는 각각 계사 결합형과 상태동사가 서술어로 쓰인 경우인데, 이들은 모두 명령문으로는 해석될 수 없고 감탄문으로 해석되거나(2가) 아니면 아예 비문법적인 문장(2나)이 되어 버린다.

이러한 현상 때문에 명령형의 성립 여부가 동작동사와 상태동사를 구분하는 기준으로 제시되어 왔음은 주지의 사실이다. 그러나 모든 동작동사가 자유로이 명령문을 만드는 것은 아니다. 피동사의 경우 명령법이 자유롭게는 성립하지 않는다고 지적되고 있는데(임홍빈, 1986:542), 이러한 제약은 의미·화용적인 측면에서 설명이 가능하다. 명령은 화자가 바라는 바를 명령 수행의 주체인 청자가 자발적으로 행함으로써 이행되는 것이다. 그런데 피동문의 경우 일반적으로 주어는 어떤 주체적인 의지를 가지고 행위를 하는 것이 아니라 그 행위를 할 의향이 없이 다른 힘에 의해 그야말로 피동적으로 입게 되는 대상이다. 그래서 피동의 의미를 가진 어휘나 피동사가 명령형 어미 '-아/어라'를 취하더라도 이것은 명령의 발화수반효력을 가지는 것이 아니라 일종의 기원이나 바람을 나타내는 데 그치는 것이 일반적이다.

(3) 가. 가다가 차에나 치여라.
    나. 방안에 갇혀라.

(4) 가. 남편에게 소박이나 맞아라.
    나. 망신이나 당해라.

예문 (3)은 어휘적인 피동 구성이고 예문 (4)는 통사적인 피동 구성을 보이는 예들인데 이들은 일반적인 경우에 명령의 의미로는 해석되기 어렵다. 만약 화자가 특별한 전제 없이 예문 (3)이나 (4)로써 명령의 화행을 실현시키려 했다면, 이는 청자가 하리라고 믿지도 않으면서 행동 수행을 요구한 것이어서 명령의 의미·화행상 예비조건을 위배하기 때문이다. 따라서 이들은 일반적인 경우에 명령이 아닌 기원이나 바람의 의미를 가지게 된다.

명령의 화행은 화자가 청자에게 어떤 행동을 하도록 요구하는 것이다. 이것은 명령 수행의 주체가 화자가 요구하는 행위를 능동적으로 수행함을 전제로 하는 것이다. 그렇기 때문에 일반적으로 이러한 능동성을 갖기 어려운 피동문의 경우에는 명령의 화행을 가지기 어렵게 된다. 예컨대 위의 예문 (4)의 경우 명령 수행의 주체가 소박을 맞으려면 다른 사람이 소박해 주어야 하고, 망신을 당하려면 다른 사람이 반드시 망신을 주어야 한다.

다른 사람의 행동이 전제되지 않으면 명령 수행 주체의 행위는 이루어질 수 없는 것이다. 이것은 이것은 청자의 능동성이나 자발성이 개입할 여지가 매우 적거나 없다는 것을 의미한다. 결국 피동사는 이 자체가 가지는 피동성이라는 어휘의미적 특성 때문에 명령문의 서술어가 되기 어렵게 되는 것이다. 위의 예문 (3)과 (4)가 명령의 의미를 가지지 못하는 것은 바로 이러한 능동성이나 자발성이 개입하지 못하기 때문이다.

그러나 아무리 피동의 의미를 가진 문장이라 하더라도 청자의 능동성이나 자발성이[42] 개입될 수 있는 상황이 전제되면 명령문으로서 충분히 성립 가능하다.[43]

> (3') 가. <u>차가 너를 치려고 하면</u> 피하지 말고 차에 치여라.
> 나. <u>방에 가두려고 하면</u> (갇히지 않으려고 애쓰지 말고) 그냥 갇혀라.

> (4') 가. <u>남편이 소박하면</u> 소박 맞아라.
> 나. <u>망신을 주면</u> 그냥 망신 당해라.

위의 예문 (3')와 (4')는 명령문으로서 이상이 없다. 청자의 능동성이나 자발성이 개입할 수 있는 상황(밑줄친 부분)이 전제되기 때문이다. 영화 또는 드라마 대본이나 연극 대본 등에 쓰일 수 있는 아래의 예문이 명령문으로 쓰일 수 있는 것도 같은 이유이다.

> (5) (상대방이 뒤로 돌아 서는 순간) 너는 차도로 뛰어 들어 차에 치여라.

---

42) 명령 수행의 주체의 능동성이나 자발성은 청자에 대한 화자의 제어 가능성이나 이정민(1977:107)에서의 의지가 전제되어야 하는 것이다.

43) Davies(1986나:14~5)에서도 다음과 같은 예를 들어, 피동구문의 경우에도 그 내용이 동작주의 통제권 안에 있으면 명령의 의미로 쓰일 수 있다고 하고 있다.

> 1) Be checked over by a doctor, then you'll be sure there's nothing wrong.

위의 예문 (5)는 청자가 피해를 입는 피동적인 문장이지만 이러한 피해는 청자의 능동적인 행위를 통해서 이루어지는 것이기 때문이다.

한편, 피동사 가운데 기원이나 바람의 의미를 가지지 않고 언제나 명령의 의미로 해석되는 예도 있다.

(6) 내 등에 업혀라.

예문 (6)의 서술어로 피동사 '업히다'가 쓰였지만 명령문으로 해석하는 데 전혀 이상이 없으며 기원이나 바람의 의미로는 전혀 해석할 수 없다.44) 위의 예문 (3)~(4)와는 대조적이다. '업히다'가 피동사이기는 하지만 업히기 위해서는 업히는 주체의 능동적인 행위가 필수적으로 전제되어야 한다. 극단적으로 업는 사람은 아무런 행동을 하지 않아도 되는 것이다. '업히다'가 피동사임에는 틀림이 없지만 주체의 능동성이나 자발성이 전제된다는 점에서는 능동사와 다를 바 없다.

그러므로 피동이 일반적으로 명령문이 되지 못하는 것은 어떤 통사적인 제약에 의한 것이 아니라 피동이 가지는 의미가 명령이 성립하기 위한 적정조건과 일치하지 않는 경우가 많다는 의미·화용적인 제약 때문이라고 할 수 있다.

또한 동일한 인지동사에 속하는 '알다, 모르다'가 명령문으로서의 쓰임에서 차이를 보이는 것을 볼 수 있다.

(7) 가. 이런 것은 좀 알아라.
　　나. *이런 것은 좀 몰라라.

인지동사는 인간의 심리적인 측면과 관련되는 변화를 나타내는 동사인데, 그 내용에 따라서 명령 수행의 주체의 능동성이나 자발성이 개입할

---

44) 피동사 가운데 동작 주체의 능동성이 전제되는 예는 '업히다' 이외에도 있을 것으로 예상되는데, 현재의 필자로서는 확인하지 못한 상태이다.

수도 있고 그렇지 못 할 수도 있다. 같은 인지동사에 속한다 하더라도 '알
다'의 경우에는 모르는 상태에서 주체의 자발성이 개입하여 어떤 조치를
취하게 되면 아는 상태로 나아갈 수도 있으나, '모르다'의 경우에는 아는
상태에서 모르는 상태로의 이행을 가능하게 하는 주체의 자발성이 개입할
수 없다는 점에서 차이를 보인다.45) 이러한 차이가 예문 (7가, 나)의 문법
성에서의 차이를 가져오게 되는 것이다. 이러한 현상은 '깨닫다'나 '느끼
다'와 같은 인지동사에서도 동일하게 일어난다.

    (8) 가. 네가 잘못한 것이 무엇인지 깨달아라.
        나. *네가 잘못한 것이 무엇인지 깨닫지 마라.

    (9) 가. 네 스스로가 느껴라.
        나. *네 스스로가 느끼지 마라.

예문 (8가)와 (8나), (9가)와 (9나)의 관계는 '알다'와 '모르다'의 관계에
비견될 수 있는 것으로서, 깨닫고 느끼는 것에 대해서는 주체의 자발성이
개입할 여지가 있지만 깨닫지 못하고 느끼지 못하는 것에는 주체의 의지
가 개입할 여지가 없기 때문에 문법성에서 차이를 보이게 되는 것이다.

2.2.2. 상태동사의 제약

명령은 화자가 명령 수행의 주체에게 무엇인가를 요구하는 것이기 때문
에 사물의 사태나 상태를 나타내는 상태동사의 경우 명령문에서의 쓰임은
원리상 어렵게 되어 있다. 그런데 다음 예문에서처럼 상태동사가 명령형
종결어미를 취하여 아무런 문제없이 쓰이는 경우가 있다.

---

45) 이것을 명령문이 성립하기 위한 의미·화행상의 적정조건의 측면에서 보면 예문 (5나)는
    청자가 행위를 수행할 수 있다는 것을 화자가 믿는다는 예비 조건을 위배하게 되는 것
    이다.

(1) 가. 무슨 일을 하든지 꾸준해라.
    나. 무슨 일이 일어나더라도 냉정해라.
    다. 누구에게나 솔직해라.

예문 (1가, 나, 다)는 각각 상태동사인 '꾸준하다, 냉정하다, 솔직하다'가 명령형 종결어미와 함께 쓰인 것인데, 이들은 모두 '-하다'가 결합된 것들이다. '-하다'가 결합된 상태동사가 명령문에 쓰이는 것은 이들 이외에도 '고정하다, 공손하다, 과감하다, 관대하다, 느긋하다, 신중하다' 등의 적지 않은 예에서 확인된다. 이러한 예들은 동작동사로 전성된 것으로 다루어지기도 하고(고영근, 1976:34), '-하다'에 선행하는 형태가 분리성이 강한 불규칙어근으로서 동작동사로 전성되기 쉬운 특이적인 어휘로 다루어지기도 했던(박금자, 1987:73) 예들이다. 이러한 해석은 '-하다'가 결합된 상태동사가 많은 경우에 어근분리 현상을 보인다는 것에 주목한다면 상당한 타당성이 있는 것으로 판단된다.

그러나 상태동사 가운데 '-하다'를 취하는 형태가 적어도 절반이 넘는데 이들을 모두 동작동사로 전성되는 것으로 처리하거나 동작동사로 전성되기 쉬운 특이적인 어휘로 다루기는 어려워 보인다. 또한 '-하다'가 결합된 상태동사라 하더라도 모두가 명령문에 쓰일 수 있는 것은 아니고 극히 일부의 경우에만 명령문에 쓰일 수 있는데 이들을 다른 것들과 어떻게 구별할 수 있을지는 여전히 문제로 남게 된다.

그리고 상태동사가 명령문에 쓰이는 것은 비단 '-하다'를 취하는 것에 한정되지는 않는다.

(2) 가. 너는 언제까지나 변치 말고 한결같아라.
    나. 다른 사람들에게는 언제나 자애로워라.
    다. 그런 놈에게는 좀 매몰차라.

예문 (2가, 나, 다)는 각각 상태동사 '한결같다, 자애롭다, 매몰차다'가 명령문의 서술어로 쓰인 것인데 전혀 문제가 없다. 그러나 이러한 것들도 예문 (1)에서 서술어로 쓰인 상태동사처럼 동작동사로 전성되었다거나 분리성이 강한 불규칙어근을 가진 것으로서 동사로 전성되기 쉬운 예들이라고 하기는 어려운 것으로 판단된다.

이러한 것은 예문 (1)에서의 '-하다'가 결합된 상태동사와 예문 (2)에서의 '-하다'가 결합되지 않은 상태동사가 무엇인가 공통점을 가지고 있다는 것을 암시하는 것으로 해석되며, 이러한 공통점은 통사범주적인 제약으로는 설명할 수 없는 것이다.

그래서 '-하다' 형태가 결합된 상태동사 가운데 명령문에 쓰일 수 있는 것과 그렇지 못 한 것을 구별하고, 나아가서 '-하다' 형태가 결합되지 않은 상태동사로서 명령문에 쓰일 수 있는 것과 '-하다' 형태가 결합된 것으로서 명령문에 쓰일 수 있는 것을 하나의 범주로 묶기 위해 우리는 의미적인 조건을 끌어들이고자 한다. 즉, 2.2.1에서 동작동사 가운데 명령문에 쓰일 수 있느냐 그렇지 못 하느냐는 서술어로 표현되는 내용이 동작 수행의 주체의 자발성이 개입할 수 있느냐 없느냐와 제어가능한 것이냐 그렇지 못 한 것이냐에 의해 결정되는 것으로 보았듯이 상태동사가 명령문에 쓰일 수 있느냐 없느냐도 동작 수행 주체의 자발성과 제어가능성이 결정하는 것으로 보고자 한다.[46]

---

46) Katz & Postal(1964:77)에서도 다음과 같은 예문이 자연스럽지 못 한 것은 동작 수행 주체의 의지가 개입하기 어렵기 때문이라고 설명하고 있다.

   ① 가. ?Understand the answer.
      나. ?Want more money.
      다. ?Hope it rains.

즉, 위의 예문 ①이 자연스럽지 못 한 것은 동작주의 의지에 따라 할 수 없는 것을 하도록 화자가 요구하기 때문이라는 것이다.(They are anmmalous to request someone to do something which he cannot wilfully choose to do.)
Davies(1986나:13~4)에서도 다음과 같은 예의 설명에서 이와 유사한 견해를 보이고 있다.

동작 수행 주체의 자발성과 제어가능성이라는 의미적인 조건의 도입은 다음 예문과 예문 (1)~(2)의 문법성에서의 차이를 효과적으로 설명해 준다.

(3) 가. *무슨 일에든지 궁금해라.
　　나. *이 방면에 유명해라.
　　다. *이런 일에는 관계없어라.

예문 (1가, 나, 다)의 서술어 '꾸준하다, 냉정하다, 솔직하다'의 경우 동작주의 의도나 의지에 따라서 꾸준할 수 있고, 냉정할 수 있으며 또한 솔직할 수 있다. 예문 (2가, 나, 다)의 서술어 '한결같다, 자애롭다, 매몰차다'의 경우에도 동작주의 의지 여하에 따라 한결같을 수 있고, 자애로울 수 있으며, 매몰찰 수 있는 것은 마찬가지이다. 동작주의 의지나 의도가 개입할 수 있다는 이러한 성격이 예문 (1)~(2)의 서술어가 상태동사이기는 하지만 그 성립에 이상을 가져오지 않게 하는 요인이 된다. 그러나 예문 (3)이 성립하지 않는 것은 예문 (3가, 나, 다)의 서술어로 표현된 내용인 '궁금하거나 유명한 것, 또는 관계없는 것'은 동작주의 의지나 의도가 전혀 개입할 수 없는 내용들이기 때문이다.

---

② 가. ?Fall ill.
　　나. ?Inherit a million.
　　다. ?Go mad.
③ 가. Know that poem by Friday.
　　나. Stop moaning and hope for the best.
　　다. Just understand this – I never meant to hurt you.

즉, 예문 ②에 비상태동사가 서술어로 쓰였음에도 불구하고 자연스럽지 못한 것은 그 내용이 동작주의 통제권 밖에 있는 것이기 때문이고, 이와는 달리 예문 ③)의 경우 상태동사가 서술어로 쓰였지만 자연스러울 수 있는 것은 표현된 내용이 동작주의 통제권 안에 있기 때문이라는 것이다. (The lack of controllability is a feature of the events referred to in ②), whereas in the acceptable ③), the addressee is perceived as being able to choose to get into the state referred to.)

동작주의 의지나 의도의 개입 여부라는 의미적인 조건을 상태동사에 대해서도 적용할 수 있는 근거는 명령문의 서술어로 쓰이는 상태동사의 의미 내용들이 모두 동작주의 태도나 행동 양식을 표현하는 것들이고, 이러한 태도나 행동 양식은 동작주의 의지나 의도에 의해 변화가 가능하다는 점에서도 찾을 수 있다. 예문 (1가~다)의 서술어 '꾸준하다, 냉정하다, 솔직하다'나 예문 (2가~다)의 서술어 '한결같다, 자애롭다, 매몰차다'는 모두 동작주의 태도나 행동 양식을 나타내 주는 것인데, 이러한 사정은 다음의 예문에서도 마찬가지이다.

> (4) 가. 그렇게 조급하게 굴지 말고 좀 느긋해라.
> 　　나. 다른 사람들에게는 언제나 상냥해라.
> 　　다. 지금까지 내가 말한 것에 유의해라.

위의 예문 (4가~다)의 서술어인 '느긋하다, 상냥하다, 유의하다' 역시 동작주의 태도나 행동 양식을 나타내고 있다. 이는 예문 (3가~다)의 '궁금하다, 유명하다, 관계없다'가 동작주의 태도나 행동 양식과는 전혀 관계가 없는 것과 대비된다.

한편, 다음 예문에서와 같이 긍정과 부정이 문법성에서 차이를 보이는 경우도 통사범주적인 제약으로는 설명되지 않는데, 이것도 동작주의 의지나 의도의 개입 가능성이나 제어가능성이라는 의미적인 관점에서는 어느 정도 설명이 가능하다.

> (5) 가. *많이 실망해라.
> 　　나. 너무 실망하지 마라.

> (6) 가. *나태해라.
> 　　나. 나태하지 마라.

예문 (5)~(6)에서 서술어는 통사범주상으로는 모두 상태동사에 속하지만 부정과 긍정이 문법성에서 차이를 보인다. 즉, 긍정의 경우에는 비문법적이지만 부정의 경우에는 성립에 아무런 이상을 가져 오지 않는다. 이것은 일반적으로 동작주의 의지나 의도가 긍정의 내용에는 개입하기 어려운 것으로 받아들여지기 때문이다.[47)

이와 같이 명령문의 서술어의 범주를 동작동사라는 통사적인 범주로 설명하지 않고 동작주의 의지나 의도의 개입 여부 또는 제어가능성이라는 의미적인 기준을 도입하게 되면 일종의 예외처럼 간주되던 상태동사의 경우에도 하나의 범주로 통합시킬 수 있게 된다.

3. 부정명령

국어에서 부정문을 만드는 부정소에는 '아니(안)'와 '못'이 있고, 다시 이들을 가진 형식인 '아니다, 아니하다, 못하다, 말다'와 같은 부정 서술어가 있다. 주지하다시피 명령문에서는 평서문이나 의문문 또는 감탄문 등

---

47) 박영준(1994:195~6)에서는 긍정명령문과 부정명령문이 문법성에서 차이를 보이는 것을 [±가치]의 자질로 설명하고 있다.

    ① 가. *게으러라.
        나. 게으르지 마라.

즉, 위의 예문 ①에서 긍정명령은 비문법적인 문장이 되고 부정명령은 문법적인 문장이 되는 것은 서술어로 쓰인 '게으르다'가 [−가치]의 의미를 나타내는 단어이기 때문이라는 것이다. 일반적으로 [−가치]의 의미를 나타내는 단어의 경우 긍정명령이 잘 성립하지 않는 것이 사실이지만, 이것도 동작주의 의지나 의도의 개입 가능성의 관점에서 봐야 할 것이다. 왜냐하면 다음 예문에서와 같이 [−가치]의 의미를 나타내는 단어의 경우에도 동작주의 의지나 의도가 개입할 수 있는 조건이 갖추어지면 긍정명령도 가능하기 때문이다.

    ② 며칠 있으면 네가 게으르고 싶어도 그럴 수 없으니까 지금 마음껏 게을러라.

에서 부정소로 '아니'나 '못'이 쓰이는 것과는 달리 '말-'이 쓰인다.

(1) 가. 철수가 요즈음 밥을 잘 먹지 않는다.
　　가'. 철수가 요즈음 밥을 잘 먹지 못한다.
　　가". *철수가 요즈음 밥을 잘 먹지 만다.
　　나. 철수가 요즈음 밥을 잘 먹지 않니?
　　나'. 철수가 요즈음 밥을 잘 먹지 못하니?
　　나". *철수가 요즈음 밥을 잘 먹지 마니?
　　다. 철수가 요즈음 밥을 잘 먹지 않는구나.
　　다'. 철수가 요즈음 밥을 잘 먹지 못하는구나.
　　다". *철수가 요즈음 밥을 잘 먹지 마는구나.

(2) 가. 철수야, 너는 집에 가지 마라.
　　가'. *철수야, 너는 집에 가지 않아라.
　　가". *철수야, 너는 집에 가지 못해라.
　　나. 바람아, 불지 마라.
　　나'. *바람아, 불지 않아라.
　　나". *바람아, 불지 못해라.

　예문 (1)은 평서문, 의문문, 감탄문 등에서 '말-' 부정이 성립되지 않음을 보인 것이고, 예문 (2)는 명령문에서 '않-' 부정이나 '못하-' 부정이 성립되지 않음을 보인 것이다.

　화자가 청자에게 어떤 행위를 하지 말 것을 요구하는 '말-'에 의한 부정 명령은 단순히 '금지'의 의미를 가지는 것에 불과하기 때문에 진정한 부정이라고 하기 어렵다는 지적도 있지만(홍종선, 1980; 이정민, 1977:106)에서 언급했듯이 다음과 같은 부정 극어(negative polarity item)와 관련된 현상에 비추어 보면 일종의 부정임에 틀림없다고 할 수 있다.

(3) 가. 앞으로는 절대로/결코 늦지 마라.
　　나. 철수는 절대로/결코 늦지 않는다.

다. ?*앞으로는 절대로/결코 늦어라.

라. ?*철수는 절대로/결코 늦는다.

부정 극어는 긍정 극어와는 대조적으로 부정소와만 공기하는 단어이다. (3나)와 (3라)는 '절대로'와 '결코'가 부정요소와만 공기관계에 있음을 보여 주고 있기 때문에 이들은 부정 극어임을 알 수 있다. 이에 따라 '말-'과 부정 극어 '절대로' 또는 '결코'가 어떠한 공기관계에 있느냐에 따라 '말-' 이 부정소인지 아닌지가 결정될 것이다. 평서문에서와 마찬가지로 긍정 명령문인 (3다)는 부정 극어 '절대로, 결코'와 공기하지 못하는 반면 '말-' 이 실현되는 명령문 (3가)는 자연스러운 문장이 되고 있다. 따라서 '말-'은 부정소임에 틀림없는 것이라 할 수 있다.

이와 같이 부정 요소를 포함하고 있다는 측면에서 보면 '안'이나 '말-', 그리고 '못' 등이 모두 동일하다고 할 수 있는데 명령에서는 '말-'에 의한 부정만이 가능하고, '안'이나 '못-'에 의한 부정이 쓰이지 못하는 것은 무엇 때문인가? 우선 '못'에 의한 부정을 본다면, 이것은 '못'에 의한 부정이 상황에 의하여 어떤 일이 이루어지지 못하는 '상황 부정'의(임홍빈·장소원, 1995:438~9) 의미를 가지거나 주체의 능력을 부정하는 의미를 가지기 때문 이다. '못'에 의한 상황 부정의 특성은 '안' 부정과의 비교에서 잘 드러난 다.[48)

(3) 가. 철수는 집에 안/*못 가려고 한다.

나. 나는 그 일에 마음이 안/*못 내킨다.

다. 나는 그 일에 공감이 안/*못 간다.

라. 그는 상가집에 가는 일을 꺼리지 않는다/*못한다.

마. 나는 그가 떠나리라고 여기지 않는다/*못한다.

(4) 가. 영희는 외부의 압력을 못/*안 견뎠다.

나. 철수는 취미 생활의 묘미를 못/*안 깨달았다.

---

48) 예문 (3)~(4)와 이에 대한 설명은 임홍빈·장소원(1995:438)에서 인용한 것임.

다. 그는 우리 처지를 이해하지 못한다/*않는다.

예문 (3)에서 '안' 부정과는 달리 '못' 부정이 성립하지 않는 것은 주체의 의식 내부의 작용이 문제되는 문장들이기 때문이다. 이와 대조적으로 예문 (4)에서는 '못' 부정만 가능하고 '안' 부정이 성립하지 않는데, 이는 주체의 의지의 작용이 개입하지 않기 때문이다. '안'이 인간의 의지와 관련되는 일을 기술할 때에는 의도 부정의 의미 특성을 가지는 것과는 달리 '못'은 외적 요인에 의하여 어떤 일이 이루어지지 않음을 나타내는 것이다.

한편, '못'에 의한 부정은 순수하게 주체의 능력을 부정한다는 점에서도 '안'에 의한 부정과 차이를 보인다.

(5) 가. 철수는 이렇게 복잡한 건 이해 못/*안 해.
    나. 나는 오토바이는 탈 수 있어도 자동차는 못/*안 몰아.

예문 (5)에서 '못' 부정은 가능하나 '안' 부정이 성립하지 않는 것은 '복잡한 것을 이해하거나 못 하는 것'이 순전히 주체인 '철수'의 '능력'의 문제이고, '자동차를 타거나 못 타는 것'도 순전히 주체인 '나'의 '능력'의 문제이기 때문이다.

그런데 명령은 화자가 청자에게 어떤 행위를 하도록 요구하는 것으로서, 여기에서 화자는 청자가, 상황적으로 보나 능력상으로 보나 화자가 요구하는 행위를 할 수 있다는 것을 전제로 하고 있다. 이러한 명령문 발화의 전제는 '못' 부정이 나타내는 상황 부정이나 주체의 능력 부정과는 절대적으로 상치되는 것이기 때문에 명령문에서는 '못' 부정이 쓰일 수 있는 경우는 없다.[49]

그렇다면 명령에서 '안'에 의한 부정은 왜 불가능한가에 대해서 보기로

---

[49] 이것을 명령문이 성립하기 위한 의미·화행상의 적정조건의 측면에서 보면 '못' 부정은 예비 조건과 정면으로 배치되는 것이다.

하자. 명령에서 '안'에 의한 부정이 가능하지 않은[50] 이유를 밝히기 위해

---

50) 임홍빈·장소원(1995:442)에서는 한정된 경우이기는 하지만 다음과 같이 특이한 의미를 가지는 경우에는 명령에서도 '않-' 부정이나 '못-' 부정이 가능하다고 한다.

① 가. 그 놈의 차가 움직이지 않아라/못해라(저주의 경우)
   나. 안 쓰자, 안 입자, 안 먹자.(다짐의 경우)

예문 (①가)의 '않-' 부정이 가능한 것은 이것이 명령의 의미가 아니라는 데에만 그 원인이 있는 것이 아니라 명령 수행의 주체가 의지나 의도를 발휘할 수 없는 대상이라는 데에도 원인이 있다. 명령은 명령 수행의 주체의 의지나 의도의 개입이 가능해야 한다. 이것은 부정명령의 경우에도 동일하다. 그렇기 때문에 일반적으로 명령문에서 명령 수행의 주체는 의지나 의도를 발휘할 수 있는 대상이어야 한다. 그러나 예문 (①가)에서의 명령 수행의 주체는 의지나 의도를 발휘하기 어려운 대상인 '차'이다. 그렇기 때문에 예문 (①가)의 '않-' 부정이 비록 명령형 종결어미와 함께 실현되었지만 명령으로 해석할 수는 없다. 이것은 다음 예문에서와 같이 명령 수행의 주체를 의지나 의도를 발휘할 수 있는 대상으로 바꾸어 놓았을 경우에 비문이 되는 것과 대비된다.

② 가. *철수는 여기서 움직이지 않아라.
   가'. 철수는 여기서 움직이지 말아라.

한편, 예문 (①가)의 '못-' 부정은 '말-' 부정과 의미 차이를 보인다. 즉, '못-' 부정은 상황 부정을 나타내기 때문에 명령 수행의 주체의 의지나 의도와는 무관하게 주변 상황에 의해 어떤 행위가 이루어지지 못함을 의미하지만, '말-' 부정은 이러한 상황 부정의 의미를 갖지 못 한다. 이것은 예문 (①가)의 '않-' 부정과는 달리 명령 수행의 주체가 의지나 의도를 발휘할 수 있는 대상이냐 아니냐에 무관하다. 따라서 다음과 명령 수행의 주체가 의지나 의도를 발휘할 수 있는 대상이라 하더라도 기원적인 의미로는 '못-' 부정이 가능하다.

③ 철수는 여기에서 움직이지 못 해라.

예문 ③이 아주 자연스럽다고는 할 수 없을지라도 이것이 비문이 된다고 할 수는 없다. 예문 (①나)는 청유형을 띠고 나타났지만 부정의 경우에는 명령과 청유가 같은 양상을 보이기 때문에 명령에서 '안' 부정이 쓰이는 예로 취급할 수도 있다. 그러나 다짐의 의미를 가진다고 하더라도 '말-' 부정이 정상적인 것으로 판단된다. 왜냐하면 다음과 같은

필자는 '말-'과 '않-'이 어미의 종류에 따라 구별되는 상보적 분포의 특징이 있다는 고영근(1976:32)에서의 지적과, 나아가서 명령문과 청유문뿐만 아니라 '~든지~든지'와 같은 반복성을 띤 연결어미를 대상으로 하여 '말-'이 '않-'의 보충법에 기댄 형성임을 언급하고 있는 고영근(1989:53~8)의 논의를 주목하고자 한다.

고영근(1989:53~8)에서는 크게 다음과 같은 두 가지 근거를 바탕으로 '말-'이 '않-'의 보충법적인 이형태라는 것을 밝히고 있다. 첫째로 명령형 계통의 어미에서 '말-'이 쓰일 수 있지만 '않-'은 쓰일 수 없다는 것이다.

(6) (가지) 말+아라, 려무나, 자

(6)에서 '말-'은 보조동사로 사용된 것으로서 '않-'과 마찬가지로 보조적 연결어미 '-지'에 의존하고 있으며 명령형, 허락형, 청유형 곧 명령형 계통의 어미 앞에서만 실현된다. 이것은 다음과 같은 비명령형 계통의 어미와는 결합하지 못 하는 것과 대비된다.

(6') *(가지) 말(마)+ㄴ다, 는구나, 느냐, 면…

이와 대조적으로 '않-'은 평서형, 감탄형, 의문형 등의 비명령형 계통의 어미와만 결합되고 명령형 계통과는 결합되지 못 한다.

(7) *(가지) 않+아라, 으려무나, 자

(7') (가지) 않+는다, 느냐, 는구나, 으면…

예는 분명히 다짐의 의미를 가지고 있지만 '말-' 부정만이 가능하기 때문이다.

④ 가. 우리 앞으로 다시는 이 곳에 오지 말자.
　　나. *우리 앞으로 다시는 이 곳에 안 오자.

비명령형 계통의 어미라 할지라도 명령의 의미가 함축되어 있으면 '말-'이 쓰일 수 있다.

(8) 그 곳에는 가지 말아야 한다.

예문 (8)의 '-아야 한다'는 당위를 뜻하는 것으로서 '그 곳에 가지 말라'라는 의미가 함축되어 있으므로 '말-'이 쓰일 수 있다는 것이다.

둘째로 반복성을 띤 어미나 이에 상당하는 피부정부분에 '말-'이 필수적으로 실현된다는 것이다.

(9) 가. 볼까 말까, 보나 마나, 보거나 말거나, 볼지 말지, 보다가 말다가, 보든지 말든지

　　가'. *볼까 않을까, *보나 않으나, *보거나 않거나, *볼지 않을지, *보다가 않다가, *보든지 않든지

　　나. 본 듯 만 듯, 본 둥 만 둥, 본 체 만 체

　　나'. *본 듯 않은 듯, *본 둥 않은 둥, *본 체 않은 체

(9가)는 종결어미 '-ㄹ까'와 연결어미 '-거나, -ㄹ지, -다가, -든지'를 반복시킴으로써 앞의 동사를 '말-'에 기대어 부정하는 것인데, 이 자리에 '않-'이 들어가지 못 하는 (9가')와 비교된다. 또한 (9나)는 관형사형과 의존명사의 구성이 반복될 때 뒷부분이 '말-'에 기대어 부정된 것으로서, 역시 '말-' 대신에 '않-'이 들어간 (9나')가 성립하지 않는 것과 대비된다.

그런데 '말-'이 명령형 계통의 어미와 반복성을 띤 표현에서 '않-'을 대신해서 사용된다는 것을 근거로 하여 '말-'이 '않-'의 보충법적인 형태라고 하는 논의를 약화시키는 듯한 예가 발견된다. 즉, 문장 종결형에서는 문장 유형에 따라 '말-'과 '않-'이 엄격하게 구분되어 사용되지만 다음 예문에서와 같이 내포문의 경우에는 '말-'과 '않-'의 쓰임이 구분되지 않는 것이다.

(10) 가. 나는 선생님이 그 모임에 오시지 않기를 바란다.
　　　나. 나는 선생님이 그 모임에 오시지 말기를 바란다.

　이것은 이홍배(1974:43)에서 제기된 예문인데, 그는 예문 (10)의 내포문을 평서문이라고 하면 (10나)의 문장을 설명할 수 없고, 이것을 명령문이라고 하면 (10가)를 설명할 수 없다고 하여, 내포문이 중립적이라고 잠정적인 결론을 내리고 있다.[51]

　이러한 것에 대해 고영근(1989:57)에서는 다음과 같은 예를 들고 명령적 의미와 관련시켜 설명하고 있다.

(11) 가. 나는 네가 이곳을 떠나지 말기를/않기를 바란다.
　　　나. 비가 오지 말아야/않아야 할텐데.
　　　다. 이제 바람이 불지 말았으면/않았으면 좋겠다.

---

51) 이러한 것과 관련하여 이정민(1977:107)에서는 다음과 같은 예를 들어 "서술문인 경우에도 주절에 원망(optative)동사가 있으면 '말'이 나타날 수 있다."고 하고 있다.

　　1) 가. 네 얼굴이 창백해지지 말기를 바란다.
　　　　나. 네 얼굴이 창백해지지 않기를 바란다.
　　2) 가. 나는 네가 가지 말기를 바란다.
　　　　나. 나는 네가 가지 않기를 바란다.
　　3) 가. 나는 네가 죽지 말았으면 좋겠다.
　　　　나. 나는 네가 죽지 않았으면 좋겠다.
　　4) 가. 이 문제에 대해서는 더 논하지 말기로 하자.
　　　　나. 이 문제에 대해서는 더 논하지 않기로 하자.

　　또한 이 때에 '말'이 쓰이는 것도 명령형의 비상태동사 필수조건과 연관시키고 있다. 즉, '말' 구성에서는 주어진 동작(또는 상태 변동)과 관련된 의지의 양상이나 제어 가능성의 가설이 개재되어 있어서 자연현상에 대해 '말'이 쓰이더라도 그것이 초자연적인 신의 제어 의지가 되었든 아니든 화자 쪽에 어떤 제어 가능성의 가정이 있는 반면에 '아니하' 구성에서는 이러한 가정이 없다는 것이다. 이것은 '말' 구성과 '아니하' 구성이 동일한 환경에 쓰이더라도 어떤 차이를 가지는 것으로 파악하고 있다는 것을 시사하는 것이며, 이 점에서 이홍배(1974)와 차이를 보인다.

즉, 예문 (11)은 '바람'[願望]을 뜻하는 문장들이다. (가)에는 '바람'을 나타내는 동사가 실제로 쓰였고, (나), (다)에는 구체적으로 지적할 수는 없지만 역시 '바람'의 의미가 파악된다. (나)와 (다)는 각각 '비가 오지 않기를 바란다.', '더 이상 바람이 불지 않기를 바란다.'라는 것을 완곡하게 표현한 것에 지나지 않는다. 그래서 이들은 모두 명령적 의미와 관련시킬 수 있는데, (가)에는 '네가 이곳을 떠나지 말아라.', (나)에는 '비야 오지 말아라.', (다)에는 '바람아 불지 말아라.'와 같은 기원적 명령의 의미가 함축되어 있다고 보는 것이다.52)

'않-'과 '말-'의 수의적인 교체에 대한 고영근(1989:57)에서의 논의가 상당한 타당성을 가진다는 것은 두 가지 점에서 뒷받침된다. 첫째, 다음 예문에서 보는 바와 같이 '바람'의 의미를 가지지 않는 경우에는 '않-'과 '말-'이 수의적인 교체를 보이지 않는다는 것이다.

> (12) 가. 철수가 오지 않기가/*말기가 쉽다.
>
> 나. 이런 일을 당하게 되면 누구도 실망하지 않기가/*말기가 어렵다.

예문 (12)는 예문 (11)과는 달리 '바람'의 의미를 전혀 포착할 수 없는 예들이다. 이러한 예에서 '않-'은 쓰일 수 있지만 '말-'은 나타날 수 없다는 것을 확인할 수 있다. 이것은 '말-'이 쓰이는 것은 언제나 통사적으로 명령문이라고 할 수 있는 경우에 한정된다고 하지는 못할지라도 적어도

---

52) 또한 고영근(1989:57)에서는 '바람'을 뜻하는 문장의 '않'과 '말'이 모두 쓰이지만 다음과 같은 중세국어 자료를 들어 '말'이 더 본질적이라는 것을 밝히고 있다.

① 가. 橫邪애 즐어디디 마오져 브라미오 (법화경언해, 권5, 155장)

나. ㅃㄷㅓ디디 마와뎌 브라노라. (능엄경언해, 권9, 113장)

즉, (가)의 '오져'는 '고져'의 교체형이고 (나)의 '와뎌'는 '과뎌'의 교체형으로서, 이들은 동사 '브라다' 앞에 와서 '바람'을 의미하는데, '말'의 교체형 '마'가 쓰인 것을 보면 원망문에 나타나는 '말'의 쓰임이 역사가 상당히 오래되었음을 뒷받침하는 것이라고 하였다.

명령의 의미와 관련된 것에 한정된다는 것을 말해 주는 것이다.

둘째는 '말-'과 '않-'이 일정한 환경에서 수의적인 교체를 보인다는 것이 '말-'을 '않-'의 보충법적 형태라는 것을 부정하는 근거가 될 수는 없다는 것이다. 이것은 오히려 '말-'과 '않-'을 하나의 형태소로 묶을 수 있는 근거가 된다. 왜냐하면 서로 다른 형태소끼리 수의적인 교체를 보인다는 것은 상정하기 어려우며,53) 또한 수의적인 교체를 보인다는 것은 서로 이형태 관계에 있다는 것을 말해 주는 것이라고 할 수 있기 때문이다.

이러한 것을 종합하면 '않-', '말-', '못' 등은 모두 부정이라는 요소를 포함하고 있다는 측면에서는 동일하지만 '못'은 능력을 부정하거나 상황을

---

53) 이것은 '않-'과 '못'이 부정이라는 공통적인 요소를 가지고 있지만 부정하는 내용이 다르기 때문에 같은 형태소로 묶일 수 없고, 그래서 어떠한 경우에도 수의적인 교체를 보이지 않는 것에서 짐작할 수 있다. 물론 예문 (11가)의 경우 '못' 부정이 가능하지만, '않-' 부정이나 '말-' 부정과는 의미상으로 차이를 보인다.

　　　(11′) 가. 나는 네가 이곳을 떠나지 못 하기를 바란다.

즉, 예문 (11가)에서의 '않-' 부정이나 '말-' 부정은 '이곳을 떠나는 것'이 주체인 '너'의 의도나 의지에 의해 이루어지지 않는 것을 나타내지만 예문 (11′가)는 '네가 가지 않는 것'이 주체인 '너'의 의지나 의도와는 상관없이 순전히 주변적인 상황에 의해 이루어지지 못함을 나타낸다.
예문 (11가)와는 달리 아래 예문에서 보는 바와 같이 (11나, 다)에 대해서는 '못' 부정이 가능하지 않다.

　　　(11′) 나. *비가 오지 못 해야 할텐데.
　　　　　　다. *이제 바람이 불지 못 했으면 좋겠다.

그러나 이것은 '못' 부정이 나타내는 능력 부정이나 상황 부정이 가능하지 않은 대상이 서술어의 주체로 쓰였기 때문이다. 즉, 서술어의 주체인 '비'와 '바람'은 초인간적인 존재로서 이들이 스스로 할 능력이 없는 경우나, 이들이 할 수 없게 하는 상황을 상정하는 것은 가능하지 않기 때문이다.
따라서 '않-' 부정이나 '말-' 부정이 가능한 경우에 '못' 부정이 가능하거나 그렇지 않거나 '않-'과 '못'을 동일한 형태소에 소속시킬 수는 없다고 할 수 있다.

부정하는 요소이기 때문에 '않-'이나 '말-'과는 구분된다고 할 수 있으며, '말-'은 '않-'의 보충법적 형태로서 명령문이나 명령 계통의 의미를 가진 문장에서만 사용되는 것이라고 할 수 있다.[54] 명령 계통의 의미를 가진 문장에서 '말-'과 '않-'이 수의적으로 교체 현상을 보일 수 있는 것은 '말-' 부정의 사용을 배타적으로 요구하는 명령의 의미가 그만큼 희석되었기 때문으로 판단된다.

---

54) 임홍빈·장소원(1995:438~9)에 따르면 '안' 부정은 순수 부정과 의도 부정의 두 가지 의미 기능을 가지고 있다. '말-'을 '않-'의 보충법적 형태라고 했을 때, '말-'은 '안'이 순수부정과 의도 부정의 두 가지 의미 기능을 다 가지는 것과는 달리 의도 부정의 의미만을 가질 가능성이 크다. 왜냐하면 명령문은 주체의 의지나 의도와 관련되는 특성을 가지고 있기 때문이다. 이에 대한 보다 명확한 결론은 많은 자료의 검토가 뒷받침되어야 가능할 것으로 생각된다.

제 4 장

직접명령과 간접명령

1. 직접명령과 간접명령의 개념

간접명령은 고영근(1976:35~6)에서의 용어로서 임홍빈(1983)에서의 절대명령과 같은 것이라고 할 수 있다. 임홍빈(1983)에서는 몇 가지 이유를 들어[1] 절대명령과 간접명령을 동일시할 수 없음을 밝히고 있는데, 간접명령이나 절대명령이나 모두가 우리가 흔히 알고 있는 하라체 명령을 가리키는 것은 동일하다. 직접명령은 편의상 간접명령에 대립되는 것으로 설정한 개념으로서,[2] 우리가 상대높임법에 따라 흔히 해라체에서부터 합쇼체까지의

---

1) 임홍빈(1983:118~9)에서는 간접명령과 절대명령을 동일시할 수 없는 세 가지 이유를 다음과 같이 들고 있다. 첫째, 간접인용 특히 간접화법이라는 것은 원리적으로 어떤 구체적인 화자가 어떤 구체적인 청자에 대하여 한 말을 기술하는 것이라고 할 때, 이러한 성격은 추상적인 화자와 추상적인 청자가 문제되는 절대문의 성격과는 동질적이라고 하기 어렵다는 점, 둘째, 절대문에서는 호칭어가 나타날 수 있는데 동일한 형식이 간접화법이나 간접인용에는 나타날 수 없다는 점, 셋째, '하시라'와 같은 명령을 간접화법의 논리로는 해명하기 어렵다는 것, 즉 간접화법에 '하시라'와 동일한 형식이 나타나더라도 그 형식이 곧 절대명령으로 쓰일 수 있는 것은 아니라는 점 등을 들고 있다.
2) 임홍빈(1985:14~21)에서는 '해라'-명령의 의미 특성을 '간접성', '해'-명령의 의미 특성을

명령문을 통틀어 지시하는 것이라고 할 수 있다. 이러한 넓은 범위의 일반적인 명령문이 직접명령이라는 개념 아래에 통합되면서 간접명령에 대해 대립적인 의미로 쓰이게 되는 이유는 2.에서 밝혀지게 될 것이다.

2. 간접명령의 본질

간접명령에 대한 논의는 그 쓰임에서의 제약 때문에 명령문 논의에서 크게 주목을 받지는 못했다. 그러나 고영근(1976)과 임홍빈(1983)은 간접명령에 대한 더 이상의 논의를 불가능하게 만들 만큼 간접명령의 여러 가지 특성을 명확하고 정밀하게 밝히고 있다. 그러나 기존의 논의에서 밝혀진 간접명령의 여러 가지 특성은 보다 본질적인 어떤 한 두 가지 요인에 의해 파생되었으리라 생각한다. 본 절에서는 이러한 가정을 바탕으로 간접명령의 여러 가지 특성을 파생시키는 것이 무엇인가를 밝혀 보고자 한다.

본 논의는 고영근(1976)과 임홍빈(1983)을 바탕으로 하는 것이기 때문에 이들 논의에 대한 정밀한 검토가 우선되어야 한다. 먼저 고영근(1976:35~6)에서의 논의를 검토해 보기로 하자.

(1) 국민의 군대인 내외의 모든 국군에게 영원한 영광 있으라.
(2) 이기고 돌아오라 대한의 용사들.
(3) 외국여행 통제하라.
(4) 외국인은 물러가라.
(5) 만천하 독자여 꼭 읽으시라.
(6) 단 한 번의 기회 꼭 보시라.
(7) 수험생들은 타종과 즉시 문제지만 갖고 나가라.
(8) 물음에 알맞은 답의 기호를 고르라.

'직접성'이라 규정하고, 전자를 간접명령, 후자를 직접명령으로 구분하여 사용하고 있다.

고영근(1976)에서는 위와 같은 예문을 들고 간접명령이 특정한 사람을 상대로 하지 않는 공개적인 상황에 쓰이는 명령이라고 규정짓고 있다. 또한 공개적인 경우는 대개 간접적인 매체에 의뢰하는 경우가 많고, 상황이 공개적이기 때문에 청자는 모든 계층에 걸치고 있어서 특정한 상대높임법을 쓸 수 없으며, 그래서 중화된 형식인 하라체를 쓰게 되는 것이리라는 설명을 덧붙이고 있다.

그리고 임홍빈(1983)에서는 다음과 같은 예를 들어, 절대명령은 발화 장면에 주어진 특정한 청자를 상대로 한 명령이 아니기 때문에 예문 (9가, 나)의 경우 수험생 모두에게 일반적으로 통용되는 명령이고 (9다, 라)는 '청년' 일반, 혹은 '정부' 일반에 두루 관련되는 명령이며, 어느 구체적인 청자에 대해서는 결코 쓰일 수 없다고 설명하고 있다.

> (9) 가. 다음 물음에 답하라.
> 　　나. 다음 물음에 알맞은 답을 답안지의 해당란에 쓰라.
> 　　다. 청년이여, 눈을 뜨라.
> 　　라. 정부는 추곡 수매가를 올리라.

한편, 간접명령을 새로운 관점에서 설명하려는 시도로서 유동석(1990)을 들 수 있는데, 여기에서는 국어의 상대높임법이 호격어와 호응관계로 기술되어야 할 문법현상임을 전제하고, 다음의 예문 (10)과 같은 예를 들어 간접명령에서 호격어를 상정할 수 없는 것은 상대높임법이 실현되지 않았기 때문이라고 하고 있다.

> (10) 가. *학생 여러분, 많이 참여하시라.
> 　　　나. 학생 여러분은 많이 참여하시라.

간접명령에 대한 이러한 논의들이 간접명령의 여러 가지 본질적인 특징을 밝히고 있는 것임에 틀림없지만 우리는 여기에서 다음과 같은 의문을 제기할 수 있다. 첫째, 특정한 사람을 상대로 하지 않는 공개적인 상황,

간접적인 매체를 이용한다는 측면에서 간접명령과 동일하다고 할 수 있는 '-(으)ㄹ 것' 명령의[3] 경우 예문 (11)에서 보듯이 일정한 높임의 등급이 있으며, 또한 하라체로의 대치도 어려운 것으로 판단되는데 하라체 명령과 '-(으)ㄹ 것' 명령의 이러한 차이는 어디에 그 원인이 있는지에 대한 의문이다.

> (11) 가. 기타 자세한 사항은 본교 교무과에 문의할 것.(신입생 모집 공고)
> 나. ?*기타 자세한 사항은 본교 교무과에 문의하라.

둘째, 3장의 1.1에서 살펴 보았듯이 명령에서는 대부분의 경우 명령 수행의 주체인 주어와 청자가 일치하기 때문에 주체높임의 선어말어미 '-시-'가 나타나게 되면 이에 상응하는 일정한 상대높임법 형태가 실현되는 것이 논리상 타당함에도 불구하고 주체높임의 형태소만 실현된 '하시라'의 쓰임은 어떻게 설명할 수 있는가 하는 문제이다.[4] 셋째, 특정한 사람을 상대로 하지 않는다고 했을 때의 '특정한 사람'이란 정확하게 어떤 범주를 가리키는 개념인가 하는 문제이다.[5] '특정한 사람'이 단순히 수적(數的)인 관점에서의 단수 개념이라면 아래의 예문 (12)가 자연스럽게 쓰이는 것이 설명되기 어렵다.

> (12) 가. 총장은 사과하라.
> 나. 대통령은 물러나라.

---

3) '-(으)ㄹ 것' 명령에 대해서는 5장 참조.

4) 고영근(1976:36)에서 '하시라' 형태가 존재하고 있음을 들어 간접명령인 하라체가 해라체와 전혀 관계가 없다는 것을 밝히고 있지만, '-시-'의 실현에 상응하는 높임법 형태가 실현되지 않는 것에 대해서는 언급하지 않고 있다.

5) 임홍빈(1983:116)에서는 "이들은(명령 수행의 주체-이것은 필자의 추가 설명) 어떤 특성을 갖춘 개체들의 집합 혹은 어떤 추상적인 단체를 그 내용으로 하고 있는데, 실제적으로는 그 대상이 아무리 구체적이라고 하더라도 화자에게 있어서는 어떤 종류의 심상(心像) 혹은 표상으로밖에는 그 존재성을 갖지 않는 것이다."라 하고 있는데 절대문에서의 명령 수행의 주체를 그 대상의 추상성이라는 관점에서 규정하고 있는 것으로 이해된다.

위의 예문에서 명령 수행의 주체인 '총장'과 '대통령'은 단수 개념에 해당하는 것이기 때문이다.

또한 '특정한 사람'이 상대높임법의 등급 결정에서 일정한 역할을 담당하는 어떤 계층적인 면이나 연령을 고려한 것으로서 특정 계층이나 연령에 속하는 사람들을 의미하는 것이라고 하더라도 높임의 등분상 상당히 동질적인 부류로 간주될 수 있는 '수험생'은 '특정한 사람'으로 간주될 수 있지 않은가 한다. 그리고 주체높임의 선어말어미 '-시-'의 실현은 화자가 청자를 어떤 식으로든 의식하고 있다는 것을 전제로 하기 때문에 '하시라' 형태의 존재는 간접명령이 구체적인 청자를 대상으로 하는 명령이 아니라고 하기는 어려운 것으로 생각된다.

이러한 문제들을 해결하기 위해 우리는 고영근(1976), 임홍빈(1983), 유동석(1990)에서 공통적으로 하라체가 상대높임법이 중화된 형식이라는 것을 전제로 하고 있다는 것, 그리고 특히 고영근(1976:35)에서의 "하라체는 존비법이 중화된 형식으로서 존비법 형식의 중화는 존비의식의 중화까지도 초래하는 것이다."라는 설명을 논의의 출발점으로 삼고자 한다. 하라체가 높임의 등분에 대해 중립적인 것일 때, 높임의 등분에 대해 중립적이 되도록 만드는 요인은 전적으로 화자와 청자 사이의 관계에 있다고 할 수 있다. 따라서 하라체의 본질 규명은 화자와 청자 사이의 높임의 관계라는 관점에서 바라볼 때 가능할 것이다.

상대높임법은 전적으로 청자에 대한 화자의 의식에 의해 결정된다. 화자가 청자를 대우할 것인가 말 것인가도 화자가 결정하고, 대우를 한다면 어떤 등급으로 대우할 것인가도 화자가 결정할 문제이다. 논리상으로 화자가 청자를 일정한 상대 높임의 형식으로 대우해야 한다고 판단되는 청자만 있는 것이 아니라 상대 높임에 대해 중립적인 것으로 판단되는 청자도 존재한다고 할 수 있다. 그런데 일반적으로 발화라는 것은 사람을 대상으로 하기 때문에 대개는 일정한 상대 높임의 등급이 반영되기 마련이다. 특히 명령의 경우에는 어떤 식으로든 명령 수행의 주체인 청자가 반드시 있어야 되기 때문에 상대 높임의 등급이 반영될 개연성이 그만큼 크다고 할 수 있어서 상대 높임에 대해 중립적인 청자의 상정이 쉽지는 않다. 그러나 예를 들어 '외국인'이나 '정부(의 책임자)'가 명령 수행의 주체일 경우, 화자는 무엇을 어떻게 비교하여 높임의 등급을 결정할 수 있겠는가? 물론 이들도 특정 문맥에서는 일정한 높임의 등급에 속할 수 있다. 그러나 이것은 화자가 명령 수행의 주체가 '아버지'나 '할아버지'일 경우 존대해야 할 인물로 쉽게 판단할 수 있는 것과는 대조적으로 존대해야 할 것인지 아닌지, 존대한다면 어느 정도 존대할 것인지를 결정하기가 매우 어려울 것이다. '정부'나 '외국인'은 '할아버지'나 '아버지'와는 달리 구체적인 대상이 아니기 때문일 것이다. 따라서 이들에 대해서는 높일 수도 낮출 수도 업게 되는 것이다. 이와 같이 화자가 어떤 청자에 대해 높일 수도 없고 낮출 수도 없는, 즉 상대 높임에 대해 중립적인 것으로 판단되는 경우에 사용하는 것이 하라체라고 생각된다. 다음의 예문은 이러한 관점에서 설명이 가능하다.

(13) 가. 조국이여, 영원하라.

　　 나. 세상이여, 나를 부르라.(TV 광고)

　　 다. 공산주의자들은 물러가라.

예문 (13가, 나, 다)의 명령 수행의 주체는 각각 '조국', '세상', '공산주의자'이다. 이들은 구체적인 명령 수행 대상이기보다는 추상적인 명령 수행 대상이라고 할 수 있다. 또한 이러한 예문들이 사담적(私談的)인 상황보다 공개적인 상황에서 쓰이기가 쉽고, 간접적인 매체에 의존할 가능성이 많지만, 그 무엇보다도 본질적인 것은 이들이 화자의 대우 의식이 반영되기 어려운, 그래서 화자가 대우 중립적인 것으로 파악하게 되는 대상들이라는 점이다. 하라체가 선택된 이유도 다름 아닌, 여기에서 비롯되는 것이다.6)

------

6) 서정목(1983:220)에서는 "'가라'에 상대를 좀더 대우하려면 '가시라'를 쓸 수 있을 것"이라

하라체에 대한 이러한 인식은 평서문 등 다른 문장 유형의 경우에서도 대우 중립적인 쓰임이 확인된다는 점에서 어느 정도 뒷받침된다.

(14) 가. 정부와 한국은행을 비롯한 국내 경제 예측기관들이 올해 성장률 전망치를 이달 중 일제히 하향 조정한다. 재정경제부 관계자는 1일 "한국은행과 한국 개발연구원(KDI) 등의 자료를 바탕으로 이달말께 성장률 전망치와 경상수지, 실업률 등 거시경제 운용계획을 일부 수정할 계획"이라고 밝혔다.
　　　 나. 우리 국어의 문법 구조에 대한 연구는 매우 늦게 시작되었다. 1443년 훈민 정음이 창제될 무렵 국어의 음운에 대한 연구는 상당히 높은 수준에 있었 고, 그 이후에도 문자에 대한 연구의 일환으로 음운에 대한 연구는 조금씩 이나마 계속되어 왔다.

(15) 가. 다가올 21세기, 우리는 무엇을 준비해야 하는가?
　　　 나. 경기 침체, 해법은 무엇인가?

(16) 가. 꺼진 불도 다시 보자.
　　　 나. 10부제 운행에 다같이 참여하자.[7]

위의 예문 (14가)와 (14나)는 각각 신문기사와 책에 나와 있는 내용들로 서 평서문의 예이고, 예문 (15)는 신문 사설에서 자주 등장하는 문구로서 의문문의 예이다. 그리고 예문 (16)은 표어와 플래카드, 팻말 등에서 볼

고 하고 있는데, 이는 하라체도 대우법상 일정한 등급이 있다고 파악하고 있는 것으로 판 단된다. 이것은 하라체를 대우 중립적인 것으로 보는 본고의 입장과 대비된다.

7) 이 예문의 경우 근래에는 오히려 "10부제 운행에 다같이 참여합시다"와 같이 합쇼체로 쓰이는 경우가 많은 것으로 보인다. 이렇게 바뀌어 쓰이는 원인이 무엇인지를 명확하게 제시하기는 어렵지만, 하라체 명령문의 쓰임이 약화되는 것과 같은 맥락에서 생각해 볼 수 있다. 명령문이나 청유문이나 모두 청자에게 어떤 행위를 요구한다는 측면에서는 동일 하기 때문이다. 일부 하라체 명령문의 경우에 직접 명령의 형식과 혼용되는 양상을 보이 는데(4.2 참고), 예문 (16나)와 같은 경우 혼용의 단계를 넘어 매우 약화되는 현상을 보 이는 것으로 생각된다. 구체적인 행위를 청자에게 요구하면서 대우 중립적이기가 그만큼 어렵기 때문이 아닌가 한다. 또한 이러한 현상에는 하라체 명령문과 같은 독특한 종결어 미 형태가 없다는 것도 일조를 한 것으로 보인다.

수 있는 청유문의 예이다. 형태상으로 이들은 모두 해라체에 해당하는 문장종결어미들을 사용하고 있기 때문에 상대높임법상으로도 해라체에 해당하는 것으로 다루어져 왔다. 이러한 기술은 당연하다고 생각된다.

그러나 이러한 문장들이 쓰이는 상황을 고려하면 달리 생각해 볼 여지가 있다. 예문 (14)~(16)은 명령문의 하라체와 마찬가지로 단독적인 장면에서 특정한 청자를 대상으로 하지 않는 것들이며, 또한 형태상으로 해라체의 종결어미가 사용되었지만 상대높임법상으로는 결코 해라체로 해석되지 않기 때문이다. 상대높임법상으로 이들은 대우 중립적인 쓰임을 보이는 것이다. 이들 문장들이 하라체 명령문처럼 독특한 종결어미 형태를 갖추고 있는 것은 아니지만 그 쓰임만을 본다면 하라체 명령문과 동일하다. 따라서 예문 (14)~(16)을 해라체에 해당하는 것으로 기술할 것이 아니라 하라체 명령문과 함께 상대높임법상 하라체에 해당하는 것으로 기술하는 것이 상대높임법의 체계상 선명할 수 있다.[8] 물론 이렇게 기술하려고 할 때 가장 어려운 점은 명령문의 경우와는 달리 평서문, 의문문, 청유문 등에서는 하라체에 해당하는 독특한 종결어미 형태가 없기 때문에 해라체의 종결어미를 하라체의 종결어미로도 기술해야 한다는 점이다.[9] 그러나 이러한 문법 기술의 문제를 논외로 하고 그 쓰임만을 고려했을 때, 명령문의 하라체와 같은 대우 중립적인 쓰임이 명령문 이외의 다른 문장 유형에서도 나타난다는 사실은 하라체의 명령문을 대우 중립적인 용법을 가지

---

8) 이렇게 되면 국어의 상대높임법은 1차적으로 대우 중립적인 것과 그렇지 않은 것으로 나누어지고 전자에는 하라체가, 후자에는 기존의 상대높임법의 6등급이 포함되게 된다. 이러한 분류의 타당성은 보다 많은 논의가 뒷받침되어야 할 것이다.

9) 이러한 문제 때문에 기존의 논의에서는 이들을 해라체에 포함시킨 것으로 생각된다. 그러나 예문 (14)~(16)의 예들을 해라체로 기술해야 하는지 아니면 하라체에 해당하는 것으로 기술할 수 있는지에 대한 명시적인 논의는 찾아볼 수 없다. 대체로 이들 예문과 같은 대우 중립적인 용법은 해라체의 주변적인 용법 정도로 파악한 듯하다. 이익섭·채완 (1999:351)에서 예문 (14)와 같은 용법을 들어 해라체가 우리말 상대높임법 등급 가운데 가장 대표적인 등급의 지위를 누리고 있는 것으로 설명한 것 등은 바로 이러한 인식의 일단을 보여 주는 것으로 보인다.

는 것으로 파악하는 데 대한 굳건한 토대가 된다.

하라체를 청자가 상대 높임에 대해 중립적인 대상일 때 사용되는 것으로 보게 되면 '하시라'의 형태는 두 가지 측면에서 설명이 가능하다. 첫째는, 화자가 청자를 상대 높임에 대해 중립적이라고 판단할 때 하라체를 사용한다는 것을 역으로 보게 되면, 하라체는 상대 높임에 대해 중립적인 형태라고 할 수 있기 때문에, 하라체의 형태에는 이론상으로 주체 높임의 선어말어미 '-시-'뿐만 아니라, 이러한 '-시-'와 대립되는, 주체를 낮추는 어떤 형태소가 있다면 이것도 결합이 가능하다고 할 수 있다는 것이다.[10] 그러나 국어의 경우 주체의 존대 여부에 따라 '-시-'의 실현 여부만이 결정되기 때문에 하라체에서 나타날 수 있는 형태는 '하시라'밖에 없다.

두번째는, '하시라'의 형태는 청자에 대한 화자의 판단이 혼란된 모습을 보여 주는 것이라고 할 수 있다. 즉, 앞에서도 언급했듯이 명령문은 어떤 식으로든 청자를 상정해야 되고, 또한 그 청자는 대부분의 경우 사람이 되기 때문에 화자가 청자를 완전히 중립적인 대상으로 간주하기가 그만큼 어려워진다. 이에 따라 화자가 청자를 완전히 대우 중립적인 대상으로 판단하지도 못 하고, 그렇다고 일정한 상대 높임의 등급에 소속되는 대상으로 판단하지도 못하는 상황에서 나타나는 형태라는 것이다. 이러한 점은 '하시라'의 형태가 쓰인 명령문은 '하라' 형태가 쓰인 명령문과 달리 상대 높임이 반영된 형태로 바꿔서도 쓰일 수가 있으며 오히려 이 형식이 더 자연스럽게 받아들여지는 측면이 있다는 것에서 뒷받침된다.

    (17) 가. 만천하 독자여, 기대하시라.
        가'.   기대하십시오
        나. 단 한 번의 기회 꼭 보시라.
        나'.   보십시오

---

10) 한길(1991:384)에서도 이와 유사한 견해를 제시하고 있다. 즉, '-으라'는 들을이에 대한 높낮이가 없어서 들을이로서는 높낮이의 표지를 나타내지 않고도 주체로서는 높이는 것이 가능하기 때문에 '-으시라' 형태가 나타날 수 있다는 것이다.

다. 만천하 독자 여러분, 기대하시라.
다'.   기대하십시오

　예문 (17가, 나, 다)는 하라체에 주체 높임의 선어말어미 '-시-'가 실현된 예들이고, 예문 (17가', 나', 다')는 각각 (17가, 나, 다)를 직접명령으로 바꿔 놓은 것들인데, 적어도 이 예문들을 비문법적인 문장이라 하기는 어렵다. 이와 같이 예문 (17)가 간접명령으로든 직접명령으로든 모두 성립할 수 있는 것은 아래의 예문 (18)에서 나타나는 현상과 대비된다.

(18) 가. 총장은 사과하라.
　　 가'. ?*총장은 사과하십시오/사과하세요/사과해라.
　　 나. 대통령은 물러나라.
　　 나'. ?*대통령은 물러나십시오/물러나세요

　예문 (18가, 나)의 예들은 주체 높임의 선어말어미 '-시-'가 실현되지 않은 것들인데, 이들은 어떠한 상대높임법에 해당하는 직접명령으로 바꾸어 놓아도 비문법적인 문장이 되기는 마찬가지이다. 이와 같이 예문 (17가', 나', 다')와 예문 (18가', 나')가 문법성에서 차이를 보이는 것은 명령 수행의 주체에 대한 화자의 대우의식에서 비롯되는 것이다. 즉, 예문 (17가, 나, 다)의 경우 화자가 명령 수행의 주체를 완전히 중립적인 대상으로 파악하지 못하여 주체 높임의 선어말어미 '-시-'를 실현시킨 것이고, 따라서 이것을 직접명령으로 바꾸는 데에는 상대적으로 별다른 무리가 없으나, 예문 (18가, 나)의 경우 화자는 명령 수행의 주체를 완전히 중립적인 대상으로 파악하고 있기 때문에 이것을 직접명령으로 바꾸는 것이 불가능하게 되는 것이다.

　그리고 화자가 청자를 완전히 대우 중립적인 대상으로 판단하지 못하는 상황에서 '하시라' 형태를 사용하게 된다는 것은 '하시라' 형태 대신 '하라'를 쓰게 되면 완전히 비문법적인 문장이 되는 것은 아닐지라도 '하시라' 형태가 쓰였을 때보다 부자연스럽게 된다는 것에서도 뒷받침된다.[11]

　　(19) 가. 만천하 독자여, 기대하라.
　　　　　나. 단 한 번의 기회 꼭 보라.
　　　　　다. 만천하 독자 여러분, 기대하라.

　예문 (19가, 나, 다)는 각각 예문 (17가, 나, 다)를 주체높임의 선어말어미 '-시-'가 실현되지 않은 문장으로 바꾸어 놓은 것인데, 이들이 완전히 비문이 되는 것은 아니라 할지라도 예문 (17가, 나, 다)보다는 부자연스럽게 받아들여진다. 이것은 명령 수행의 주체를 완전히 중립적인 대상으로 파악하고 있는 예문 (18가, 나)를 각각 아래의 예문 (20가, 나)와 같이 바꾸어 놓았을 경우 예문 (18가, 나)가 더 자연스럽게 받아들여지는 것과 대비된다.

　　(20) 가. 총장은 사과하시라.
　　　　　나. 대통령은 물러나시라.

　이러한 것들을 종합해 보면 '하시라' 형태가 쓰이는 것은 화자가 명령 수행의 주체를 상대 높임에 대해 완전히 중립적인 대상으로까지는 파악하고 있지 않다는 것을 보여 주는 것이라고 할 수 있다. 또한 이것은 사람을 대상으로 하는 발화, 특히 명령에서 청자를 상대 높임에 대해 완전히 중립적인 대상으로 간주하기가 현실적으로는 그만큼 어렵고, 그렇기 때문에 하라체를 쓸 수 있는 상황이 그만큼 제약된다는 것을 말해 주는 것으로 받아 들여진다.

　청자에 대한 화자의 판단이 혼란되는 모습은 다음 예문에서 보는 바와 같이 수험생을 대상으로 하는 문제지에서 현실적으로 직접명령과 간접명

---

11) 특히 (19가)와 (19다)가 매우 부자연스럽게 해석된다. 이는 구체적인 대상을 지칭하는 호격어가 실현되었기 때문이다. 즉 호격어가 나타내는 구체적인 대상에 대해, 더욱이 '독자여'와 '독자 여러분'은 높임의 대상으로 간주되는데 이들에 대해 상대높임법상 중립적인 형태를 사용하였기 때문인 것이다. 호격어와 상대높임법의 관련성을 다룬 유동석 (1990)의 논의가 참고된다.

령이 함께 쓰이고 있다는 데에서도 확인된다.

> (21) 가. 아래의 물음에 알맞은 답을 쓰라.
>   나. 아래의 물음에 알맞은 답을 쓰시오

‘수험생’이라고 하는 동일한 대상에 대한 발화이면서도 하라체와 하오체가 공존하게 되는 것은 명령 수행자에 대한 화자의 대우 의식이 혼란되는 것 이외의 원인은 상상하기 어렵다.

지금까지의 논의를 요약하면, 첫째, 하라체의 사용 여부는 전적으로 화자가 청자를 상대 높임의 관점에서 대우 중립적인 대상으로 파악하느냐 그렇지 않느냐에 달려 있고, 둘째, 청자가 구체적인 대상이 아니고 추상적인 대상이라든가, 공개적인 상황, 간접매체에 의존하는 것, 호격어가 나타날 수 없는 경우라는 조건은 하라체가 보다 쉽게 사용될 수 적절한 환경을 제공해 주는 요소에 불과한 것이고 근원적인 요인은 되지 못한다는 것이다. 극단적인 경우에 청자가 구체적인 대상이고, 비공개적인 상황, 즉 사담적인 상황에서 직접적인 매체에 의존하고 호격어가 쓰일 수 있는 경우에도 화자가 청자를 상대 높임에 대해 중립적인 대상으로만 파악한다면 하라체가 쓰일 수 있다는 것이다. 그러나, 물론 실제 언어 사용에서는 이러한 조건에서의 하라체 사용이 봉쇄되어 있다.

3. 간접명령에서의 청자 대우 제약의 양상

2.에서 논의했듯이 ‘하라’체는 화자가 청자를 대우 중립적인 대상으로 파악할 때 쓰이는 것이기 때문에 문장 속에 청자에 대한 화자의 대우 의식이 반영된 어떤 요소가 있으면 ‘하라’체의 쓰임은 그만큼 제약된다. 청자에 대한 화자의 대우 의식은 1차적으로 청자를 지칭하는 지칭어에 의해

서 반영되기가 가장 쉬운데, 아래의 예문들은 이러한 관점에서 설명될 수 있다.

(22) 가. 신이(시)여, 굽어 살피소서.
　　　나. *신이여, 굽어 살펴라.
　　　다. ?신이여, 굽어 살피시라.

　명령 수행의 주체가 절대적인 존재인 '신'일 경우 우리는 예문 (22가)와 같이 통상적으로 극존대라고 하는 '하소서체'를 사용한다. 그런데 명령 수행의 대상이 '신'일지라도 우리는 이론상으로 '신'을 중립적으로 대우하는 상황의 설정을 가정해 볼 수 있다. 그러나 '신'은 화자의 대우 의식이 필수적으로 반영되어야 하는 [+존대]의 대상이기 때문에 실제로는 하라체를 거의 쓰기가 어렵다. 즉, '신'은 우리 인간의 입장에서는 경외의 대상으로서 언제나 존대되어야 할 대상으로 파악된다. 따라서 그만큼 완전히 중립적인 대상으로 여기기가 어려운 것이다. '신'을 명령 수행의 주체로 설정하여 하라체를 사용할 경우에 주체 높임의 선어말어미 '-시-'가 실현된 예문 (22다)가 '-시-'가 실현되지 않은 예문 (22나)보다는 문법성에서 다소 나은 것으로 받아들여지는 것도 이 때문이다. (22다)에서는 '신'을 완전히 중립적인 대상으로 간주하지는 않았기 때문인 것이다.

　이러한 현상은 명령 수행의 대상이 '신'일 경우와는 달리 [+존대]의 자질을 가졌다고 볼 수 없는 '청소년'을 명령 수행의 주체로 했을 때 아래의 예문 (23)에서 보듯이 예문 (22)와 정반대의 결과를 보여 주는 데에서도 확인할 수 있다.

(23) 가. 청소년들이여, 꿈을 가져라.
　　　나. 청소년들이여, 꿈을 가지라.
　　　다. *청소년들이여, 꿈을 가지시라.

　'청소년들'이 명령 수행의 주체가 되었을 때 직접 명령은 (23가)에서처럼 해라체가 자연스럽게 쓰인다. 이는 명령 수행의 주체인 '청소년들'이 화자가 높이는 대상이 아니기 때문이다. 명령 수행의 주체가 높이는 대상이 아닐 경우 화자는 이를 대우 중립적인 대상으로 간주하기도 그만큼 용이해진다. 하라체인 (23나)가 자연스럽게 받아들여지는 반면에, 같은 하라체이지만 주체 높임의 선어말어미 '-시-'가 쓰임으로써 명령 수행의 주체를 완전히 대우 중립적인 대상으로 여기지 않는 (23다)가 비문법적인 문장이 되는 것은 바로 이 때문이다.

아래의 예문들이 문법성에서 미묘한 차이를 보이는 것도 동일한 관점에서 설명할 수 있다.

(24) 가. ?아버님들이여, 분발하시라.
나. ??아버님들이여, 분발하라.

예문 (24)에서 명령 수행의 주체인 '아버님'에는 존칭의 접미사 '님'에 의해 이미 [+존대]의 자질이 부여되었기 때문에 하라체의 사용은 처음부터 제약되어 있다. 이러한 제약이 근본적으로 예문 (24가, 나)의 성립에 이상을 가져오지만, 문법성의 측면에서 이들 두 예문이 동일하지는 않다. 즉, 예문 (24가)가 완전히 문법적인 문장으로 받아 들여지지는 않는다 할지라도 예문 (24나)보다는 덜 어색한 것으로 판단된다. 이것은 순전히 주체 높임의 선어말어미 '-시-'의 실현 여부에 의한 것이다. 예문 (24가)의 주체 높임의 선어말어미 '-시-'가 예문 (24가, 나)에 공통적으로 주어지는 하라체 사용에 있어서의 제약을 어느 정도 완화시켜 주기 때문이다.

아래의 예문 (25)도 예문 (24)와 유사한 현상을 보인다.

(25) 가. 아버지들이여, 분발하시라.
나. (?)아버지들이여, 분발하라.

예문 (25)의 명령 수행의 주체인 '아버지들'에는 예문 (24)의 '아버님'처럼 [+존대]의 자질이 명시적으로 부여되지는 않았지만, '아버지' 자체가 [+존대]의 자질을 가질 가능성이 많은 어휘이다. 이것은 '아버지'가 명령 수행의 주체가 될 경우에 화자가 완전히 대우 중립적인 대상으로 파악하기가 그만큼 어렵다는 것을 의미한다. '아버지' 자체가 가지고 있는 이러한 어휘적 특성 때문에, 예문 (25나)는 예문 (25가)와는 달리 때에 따라서는 다소 어색한 것으로 판단되기도 하는 것이다.

　하라체와 호격어의 공존은 원천적으로 상당한 제약을 가지게 된다.[12] 왜냐하면 하라체는 화자가 청자를 대우 중립적인 대상으로 판단할 때 사용되는 것인데, 호격어에는 청자에 대한 화자의 태도를 반영하는 표현적 기능이 나타나기 때문이다.(3장 1.5 참조) 그러나 지금까지 논의된 여러 예문을 통해서 볼 수 있듯이 청자가 호격 조사 '여'를 취하는 경우에는 하라체와의 양립이 어느 정도 허용되고 있다. 이것은 호격 조사 '여'가 다른 호격 조사와는 달리 환기하는 대상이 보다 추상적이고 관념적이어서(임홍빈, 1984:177) 대상을 중립화시키기가 그만큼 용이하기 때문이다. 그러나 추상적이고 관념적인 대상을 환기하지 못 하는 호격 조사나 극존대의 대상에 쓰이는 '여'와 결합되어 쓰이는 호격어의 경우 하라체와의 양립은 불가능하다.[13]

---

12) 하라체와 호격어의 양립이 어렵다는 것은 이미 유동석(1990)에서 정밀하게 논의된 바 있다. 그러나 유동석(1990)에서는 '여'가 결합되어 나타나는 경우를 호격어에서 제외시키고 있다.

13) 이필영(1986:531)에서는 호격 조사와 문장 종결어미의 호응관계를 다음과 같이 요약하고 있다.

종결어미 호격조사	해라[+]	해[−]	하게[+]	하오[+]	해요[−]	합쇼[+]
아	0	0				
ø		0	0	0	0	0
이여			0	0		0

그런데 다음 예문에서처럼 청자에 대한 화자의 대우 의식이 반영되었을 때 쓰이는 호격 조사 '아/야'가 결합된 호격어가 하라체에 쓰이는 경우가 있다.

(26) 수고하고 무거운 짐 진 자들아, 다 내게로 오라.

즉, 청자에 대한 화자의 대우 의식이 일정하게 반영되는 해라체나 해체에 사용되는 호격 조사 '아'가, 화자가 청자를 중립적인 대상으로 파악할 때 쓰인다는 하라체와 함께 나타난 것이다. 이러한 것은 모순이 아닐 수 없다. 그런데 우리는 예문 (26)을 다음과 같이 해라체로 바꿔 놓았을 경우에도 자연스럽게 쓰일 수 있다는 것에 주목하고자 한다.

(26') 수고하고 무거운 짐 진 자들아, 다 내게로 와라.

이와 같이 예문 (26)이 예문 (26')와 같이 해라체로 바뀌어서도 자연스럽게 쓰일 수 있다는 것은 예문 (26)이 성서라는 특이한 상황에서 하나의 굳어진 표현 형식일 가능성이 많다는 것을 말해 주는 것이다.[14]

(0은 호응이 가능함을, [±]는 [±격식]을 의미한다.)

이와 같이 일정한 대우법에 따라 선택되어 쓰이는 호격 조사의 경우 청자에 대한 화자의 대우 의식이 반영된 것이기 때문에 하라체와 양립할 수 없다.

14) 유동석(1990:66)에서도 동일한 예문에 대해 필자와 유사한 입장을 취하고 있다. 즉, "이 예의 출전은 성서의 <공동 번역판>인데 워낙 널리 알려져 오랜 동안 귀에 익은 구절인지라 문법성에 대한 판단이 쉽지 않다. 그러나 <새 번역판>에는 호격어가 주어로 고쳐져 있음을 볼 수 있다."라고 하고 있다.
또한 해라체가 사용되어야 할 것으로 생각되는 경우에 하라체가 사용된 것은 성서의 번역이 근대국어 단계에 처음으로 이루어졌다는 것과도 관련이 있을 것으로 추측된다. 즉, 근대국어 단계에서는 현대국어의 해라체가 담당했던 부분을 하라체가 담당하고 있던 시기여서 당연히 하라체가 사용되었는데, 그 쓰임 영역이 바뀐 현대국어에서도 일종의 관용 표현처럼 굳어져 버린 것이 아닌가라는 것이다. 그러나 이 점에 대해서는 성서 번역판을 역사적으로 비교하는 과정이 있어야 확인이 가능하다.

예문 (26)과 같은 예 이외에도 호격 조사 '아'를 취한 호격어가 쓰인 예로서 아래의 예문들이 제시될 수 있다.

(27) 가. 왜적 청정아! 빨리 나와 내 칼을 받으라.
　　　나. 이 천하의 죄인 놈아, 내 칼을 받으라.

이러한 예들은 역사극과 같은 곳에서 나오는 일종의 의고체적인 용법이라고 할 수 있다.[15] 이것은 예문 (27)와 같은 발화가 내용상 현대어적인 상황에서는 상정되기 어렵고, 또한 예문 (26)과 마찬가지로 이들도 아래의 예문에서와 같이 해라체로 바뀌어서도 자연스럽게 쓰일 수 있다는 점에서 뒷받침된다.

(27') 가. 왜적 청정아, 빨리 나와 내 칼을 받아라.
　　　나. 이 천하의 죄인 놈아, 내 칼을 받아라.

이와 유사하게 역사극 등에서 다음과 같은 하라체의 예가 확인된다.

(28) 여봐라, 죄인을 대령하라.

예문 (28)도 다음의 예문 (28')와 같이 해라체로 바뀌어 자연스럽게 쓰일 수 있지만, 이와는 달리 예문 (28)의 '대령하-'를 '대령시키-'로 대치시킨 예문 (29)의 경우에는 해라체는 가능하지만 하라체는 쓰이기 어렵다.

---

15) 예문 (27가)는 고영근(1976:36)에서 논의된 예인데, 고영근(1976:36)에서는 "분위기가 엄숙하고 살벌할 때에는 설사 상관적 장면이라 할지라도 '-(으)라'가 쓰일 수 있다."고 설명하고 있다. 그리고 예문 (27나)는 임홍빈(1983:117)에서 논의된 예로서, 임홍빈(1983:117)에서는 "처형자는 어느 구체적인 개인의 목을 치고 있는 것이 아니라 '천하의 죄인'으로서 처형자의 마음 속에 남아 있는 어떤 추상적인 개인의 목을 치고 있는 것이다."라고 하여 화자와 청자가 직접 대면해 있더라도 청자가 추상화된 대상일 경우에는 하라체를 쓸 수 있는 것으로 설명하고 있다. 예문 (27가)에 대해서도 동일한 관점으로 설명하고 있다.

(28') 여봐라, 죄인을 대령해라.

(29) 가. *여봐라, 죄인을 대령시키라.
　　 나. 여봐라, 죄인을 대령시켜라.

이와 같이 어떤 경우에는 하라체와 해라체가 모두 성립하지만, 어떤 경우에는 해라체만 성립한다는 것은 예문 (27)이나 (28)의 하라체가 예문 (26)과 마찬가지로 일종의 굳어진 표현으로서 현대어적인 상황에서는 쓰이기 어려운 의고체적인 용법이라는 것을 말해 주는 것으로 생각된다.

호격어로써 명령 수행의 주체가 지시될 때와 마찬가지로 2인칭 대명사로써 명령 수행의 주체를 나타낼 경우에도 아래의 예문 (30)에서 보듯이 하라체를 쓰기는 어렵다. 왜냐하면 명령 수행의 주체를 지시하는 2인칭 대명사에는 화자의 일정한 대우 의식이 반드시 반영되고, 이러한 대우 의식은 하라체와 상치되기 때문이다.16)

(30) 가. *너희들은 여기에서 잠깐만 기다리라.
　　 나. *당신은 어머님 모시고 나중에 오라.
　　 다. *자네는 이리로 앉으라.

하라체의 사용을 어렵게 하는, 청자에 대한 화자의 대우 의식은 지칭어나 호격어 이외의 다른 어휘에도 반영될 수 있는데, 이 또한 비문법적인 문장이 된다.

(31) 가. *총장은 만수무강하라.
　　 나. *대통령은 만수무강하라.

---

16) 하라체에서 2인칭 대명사를 명령 수행의 주체로 사용할 수 없는 이유를 고영근(1976)에서의 설명 방식에 따라 설명한다면, 2인칭 대명사가 상관적 장면에 쓰이는 것이기 때문이라고 할 수 있고, 임홍빈(1983)에서의 설명 방식에 따른다면 2인칭 대명사가 구체적인 청자를 가리키기 때문이라고 할 수 있다.

(32) 가. *총장은 옥체를 보전하라.
　　　나. *대통령은 옥체를 보전하라.

예문 (31가)와 (32가)는 예문 (12가)의 '사과하라'를 '만수무강하라'로 대치한 것이고, 예문 (31나)와 (32나)는 예문 (12나)의 '물러나라'를 '옥체를 보전하라'로 대치한 것인데, 그 문법성의 측면에서는 정반대의 결과를 보여 주고 있다. 이러한 문법성에서의 차이의 원인은 당연히 대치된 어휘에서 찾아져야 한다. '만수무강하는' 대상이나 '옥체를 보전하는' 대상은 일반적으로 극존대의 대상이다. 따라서 이들 어휘는 [+존대]의 의미자질을 가지고 있다고 할 수 있다. 이것은 우리가 '사과하-'나 '물러나-'에서 [+존대]와 관련된 자질을 발견할 수 없는 것과 대비되는 것으로서, 하라체가 명령 수행의 주체를 대우 중립적인 대상으로 파악할 때 사용된다는 특성과 상치되는 것이다.

다음의 예문도 이와 동일한 관점에서 설명될 수 있다.

(33) *아버지(시)여, 저에게 힘을 달라.

명령 수행의 주체인 '아버지'에 화자의 존대 의식이 전혀 반영되어 있지 않다고 말할 수는 없어도 그렇게 뚜렷하다고는 할 수 없다. 따라서 위의 예문이 비문법적인 문장이 되는 것의 주요 원인이 '아버지'에 있는 것으로 볼 수 없다. 주요 원인은 겸양 표현인 '저에게'에 있는 것이다. 즉 '저에게'와 같은 겸양 표현을 사용하고 있는 것은 화자가 청자를 상위자로 여기고 있다는 것을 보여 주는 것인데, 청자에 대한 화자의 이러한 대우 의식이 하라체의 사용에 제약이 되기 때문이다.

제 5 장

명사형 종결 명령과 부사형 종결 명령

국어에서 명령의 화행은 우리가 전형적인 명령형 종결어미로 다루어 오고 있는 '-아/어라'를 취하는 명령문에 의해서만 실현되는 것은 아니라는 것은 비교적 잘 알려진 사실이다. 진술이나 질문 등의 다른 화행들도 언제나 특정한 하나의 문장유형으로 한정되어 나타나지는 않지만 명령의 화행만큼 다양한 모습을 보여주지는 못한다. 특히 간접화행의 영역에서 다루어지는 예들은 명령의 화행이 얼마나 다양하게 이루어질 수 있는가를 잘 보여 준다.

   (1) 가. 볼펜 좀 줄래?
       나. 내일은 모두 아침 6시까지 등교한다.
       다. 줄 좀 섭시다.

위의 예문들은 통사적으로는 각각 의문문, 평서문, 청유문이지만 의미·화용론적으로는 모두가 명령의 화행으로 해석되고 있다. 명령 화행을 수반하는 표현 형식의 다양성은 명령문의 한계 설정부터 어렵게 했고[1], 나

---

1) 명령문의 한계설정은 형태·통사적인 측면에 주안점을 두느냐, 아니면 의미·화용적인

아가서 명령문에 대한 연구를 그만큼 어렵게 만들어 온 주된 요인이 되고 있다.

그런데 다음과 같은 예문 (2)의 경우는 특정 문장종결어미를 취하지 않으면서 명령표현의 기능을 수행하고 있다는 점에서 예문 (1)과 구별된다.

  (2) 가. 손대지 말 것.
      나. 10시까지 모두 모이도록.
      다. 이곳에는 차를 세우지 못함.

이들은 우리가 문장 유형을 나눌 때 중요한 기준으로 삼는 전형적인 문장종결어미를 취하지 않기 때문에 그 통사적인 지위가 모호하였던 것도 사실이다. 그래서 '-(으)ㄹ 것', '-도록', '-(으)ㅁ'을 모두 명령형 종결어미의 범주에 포함시킬 수 있는가에 대해서 부분적으로 이견을 보여 왔다.[2] 본

측면에 주안점을 두느냐에 따라 차이점을 보인다. 전자의 입장에 서게 되면 명령문은 명령문의 종결어미 '-아/어라'를 취한 것으로 한정되고, 후자의 입장에 서게 되면 표면적인 통사형식과는 무관하게 명령의 의미를 띠고 쓰이는 모든 형식은 명령문의 범위 안에 들게 된다. 그러나 전자의 경우 다른 문장 유형보다 화용적인 성격이 강한 명령문의 특성을 도외시하게 되는 문제점이 있고, 후자의 경우는 다른 문장 유형의 분류에 효과적인 형태·통사적인 기준이 희석되어 명령문 분류의 객관적인 기준을 제시하기 어렵다는 문제점이 있다. 그래서 대부분의 학자들은 형태·통사적인 측면과 의미·화용적인 측면을 동시에 고려하는 입장을 취하고 있다. 고영근(1976)에서는 허락문이 의미상으로는 명령문과 어느 정도 차이가 난다는 점을 인정하면서도 간접인용조사 '고' 앞에서 모두 '-(으)라'로 나타난다는 구조상의 일치를 들어 명령문의 범주로 통합시키고 있으며, 또한 청유문의 경우도 의미상으로 보면 광의의 명령문에 속하는 것으로 다루고 있다. 박영준(1987)에서는 기능을 중시하여 표면 형식에 상관없이 명령의 기능을 수행하는 거의 모든 것들을 명령에 포함시키고 있다. 이 외에도 박금자(1987), 채영희(1993), Davies(1986) 등 참조
2) 고영근(1976:37)에서는 공개적 상황에서 '-ㄹ것'이나 '-(으)ㅁ'에 의해 명령이 표현될 수 있다고 하고 있고, 양인석(1976:132~3)에서도 국어의 명사화소 가운데 '(을)것'과 '음'이 명령의 기능을 가질 수 있는데 전자는 청자중심의 명령을 나타내고, 후자는 화자중심의 명령/요청을 나타내는 것으로서 이들은 공손의 정도에서 차이를 보인다고 하고 있다. 박금자(1987:76~82)에서는, '-(으)ㅁ'은 서술의 종결 기능을 갖는 것으로서 명령의 의미는 간접화행에 의한 간접적인 것인 반면 '-ㄹ것'이나 '-도록'에 의한 명령은 직접적인 명령

고에서는 '-(으)ㄹ 것'과 '-도록'이 일정한 상황에서는 일종의 명령형 어미로 기능함을 명백히 하고 나아가 이들이 어떤 상황에서 어떻게 쓰이는지를 구명하고자 한다. 이와 더불어 명령의 기능을 수행하는 것으로 다루어지기도 하는 '-(으)ㅁ'은 명령형 어미가 아니라는 것도 확실히 해 두고자 한다.

1. 간접적인 부정명령 기능의 어미 '-(으)ㅁ'

'-(으)ㅁ'을 양인석(1976:133)에서는 화자중심의 명령/요청을 나타내는 일종의 명령형 종결어미로 다루기도 했지만, 그 후의 대부분의 연구들에서는 이것의 간접적인 명령 기능만을 인정하고 있다.[3] 본고에서는 '-(으)ㅁ'은 직접적인 명령을 나타내는 일종의 명령형 어미가 아님을 재확인하고, 나아가서 이 형태로 끝난 문장이 때에 따라서 명령의 의미를 가지게 되는 이유가 무엇인지를 살펴볼 것이다.

'-(으)ㅁ'이 하나의 명령형 어미로 자리를 잡으려면 최소한 특정 범위의 명령문이 '-(으)ㅁ'을 취하는 것으로 치환이 가능해야 한다. 그런데 아래의 예문을 보면 이러한 치환이 가능하지 않다.

(3) 가. 이곳에는 차를 세우지 마세요(말아라, 마십시오, 마시오…)
    나.　　　　　　　　 말 것.
    다.　　　　　　　　 말도록.

을 나타내는 것으로서 이들이 원래 문장 종결어미는 아니지만 문장 종결적인 어미로 기능을 확대한 것으로 결론짓고 있다. 이외에도 임홍빈(1984:164)에서는 '-도록'이 주절의 동사가 생략된 것으로는 볼 수 없음을 구명하고 있고, 박영준(1994)에서도 '-도록'과 '-(으)ㄹ 것'이 일종의 종결어미로 다루어진 것으로 파악된다.
3) 박금자(1987:77~78)에서는 '-(으)ㅁ'이 서술의 종결 기능을 가진 것으로서 명령의 의미는 간접적인 것으로 결론짓고 있고, 박영준(1994:32~33)에서는 이것이 명령의 의미를 나타내기도 하지만 명령문의 범주에서는 제외되어야 한다고 하고 있으며, 장경현(1995)에서는 독자적인 종결 표지의 기능을 하는 것으로 다루고 있다.

라.　　　　　　　　*맑.
마.　　　　　　　　못함.

상대높임법에 따라 여러 가지 명령형어미를 띠고 나타난 (3가)를 (3나)나 (3다)처럼 '-(으)ㄹ 것'이나 '-도록'으로 바꿔 놓으면 그 쓰임에서는 차이를 보이지만(3, 4장 참조) 이들이 모두 명령문의 기능을 가진다는 측면에서는 동일하다. 그러나 (3라)처럼 '-(으)ㅁ'의 형태로 바꿔 놓았을 경우에는 비문법적인 문장이 된다. 한편, (3마)처럼 바꿔 놓으면 비문법적인 문장이 되지는 않지만 (3가)가 가지는 직접적인 명령문의 기능은 사라지고 평서문의 기능을 갖게 된다. 이것은 '말-'이 부정명령에 쓰이는 것이어서(이정민, 1977) 직접적으로 명령의 기능을 수행하는 '-(으)ㄹ 것'이나 '-도록'과는 함께 나타나지만 직접적인 명령의 기능을 수행하지 못하는 '-(으)ㅁ'과는 함께 나타나지 못하기 때문이다.

이러한 특성은 부정이 특정 어휘에 의해 실현되는 경우, '-(으)ㅁ'형식은 가능하지만 '-(으)ㄹ 것'형식이나 '-도록'형식, 나아가서 전형적인 명령형어미 '-아/어라'형식은 성립하지 못하는 것과도 관련된다.

(4) 가. 이곳에서는 담배를 피울 수 없습니다.
　　나.　　　　　　　　없음.
　　다.　　　　　　　　*없을 것.
　　라.　　　　　　　　*없도록.
　　마.　　　　　　　　*없어라.

'없-'과 같이 그 자체가 부정의 의미를 내포하고 있는 서술어를 취하는 문장이 '-(으)ㅁ'의 형식은 취할 수 있지만 명령의 기능을 하는 형태를 취하지 못하는 것은 '없-'이 동작동사가 아니기 때문이라고도 할 수 있지만, 그 이전에 부정명령은 '말-'에 의해 이루어진다는 제약을 어기기 때문이라고 생각된다.

한편, 긍정명령을 '-(으)ㅁ'의 형태로 바꿔 놓을 경우에는, (3마)가 간접적이나마 명령의 의미를 가지는 것과는 달리 과거 사실에 대한 단순한 기술에 그치는 경우가 대부분이다.((5나))[4] 이것은 '-(으)ㄹ 것'이나 '-도록'의 형태를 취한 (5다), (5라)가 여전히 명령의 의미를 가지는 것과 대비된다.

(5) 가. 빨리 학교에 가거라.
　　나.　　　　　감.
　　다.　　　　　갈 것.
　　라.　　　　　가도록.

'-(으)ㅁ' 자체가 명령의 기능을 가지는 일종의 명령형 어미라면 부정의 경우에는 명령의 기능을 하다가 긍정인 경우에는 그러한 기능을 하지 못한다는 것은 상상하기 어렵다.

더욱이 '-(으)ㅁ'은 과거시제 선어말어미 '-았/었-'과의 통합도 가능하다.

(4') 이곳에서는 담배를 피울 수 없었음.

(5') 빨리 학교에 갔음.

명령문에서는 과거시제의 선어말어미 '-았/었-'이 전혀 나타날 수 없다는 점에 비추어 봤을 때, '-(으)ㅁ'의 이러한 형태론적 특성은 이것이 명령형 어미가 될 수 없음을 말해 주는 것이다.

그리고 아래의 예문에서 보는 바와 같이 미래의 시간을 나타내는 부사어가 명시되는 경우에 '-(으)ㅁ'형식은 단순한 진술의 의미도 갖지 못하는 비문이 된다.[5]

---

4) "철수는 옴."과 같은 경우에는 과거 사건의 단순한 기술일 수도 있고 미래의 일을 예측하는 것일 수도 있다. 또한 '-야 하다'의 구성을 가지는 "집에 도착하는 대로 연락해야 함."과 같은 예는 명령의 의미를 가지지만 이러한 명령의 의미가 '-(으)ㅁ'에서 비롯되는 것이라고는 할 수 없다.

5) '-(으)ㅁ'형식의 이러한 특성은 '-(으)ㅁ'이 완료성, 결정성의 의미기능을 갖는 것과 관련되는 것으로 파악된다. '-(으)ㅁ'의 의미기능에 대해서는 심재기(1980) 참조

(6) 가. <u>내일까지</u> 레포트를 제출해라.
　　나. 　　　　　　　　제출할 것.
　　다. 　　　　　　　　제출하도록.
　　라. 　　　　　　　　*제출함.

명령이라고 하는 것이 미래의 사건과 관련되어 일반적인 명령문이 미래의 시간부사어와는 자유롭게 결합된다는 점에 비추어 본다면, 이러한 결과는 '-(으)ㅁ'을 일종의 명령형 어미로 취급하기는 어렵게 만드는 것으로 판단된다.

국어의 문장 유형을 나눌 때 간접인용에서 어떤 형식으로 나타나느냐는 중요한 기준이 되어 왔다. 그래서 간접 인용에서 평서문은 '-다'로, 의문문은 '-냐'로, 명령문은 '-라'로 나타나는 것을 하나의 특징으로 지적해 왔다. 그런데 '-(으)ㅁ' 형식은 예문 (7)에서 보는 바와 같이 간접 인용의 형식으로 바꿔 놓았을 경우에 명령문의 형식인 '-라' 형식이 아니라 평서문의 형식인 '-다' 형식을 띠고 나타난다.

(7) 가. 이곳에는 차를 세우지 못함.
　　가'. 이곳에는 차를 세우지 <u>못한다고</u> 한다.
　　가". *이곳에는 차를 세우지 <u>못하라고</u> 한다.

이것은 '-(으)ㅁ' 형식이 정확하게 어떤 상대높임법의 평서문에 해당하는 것인지에 대해서는 명확하게 얘기할 수 없지만,[6] 적어도 문체법상으로는 평서법에 해당하는 것임을 나타내 주는 것으로 이해된다.

'-(으)ㅁ' 형식의 이러한 특성을 바탕으로 우리는 '-(으)ㅁ'형식이 '-(으)ㄹ 것'형식이나 '-도록'형식과는 달리 이것 자체가 명령의 기능을 하는 어미는 아니라고 결론지을 수 있다.

그렇다면 '-(으)ㅁ'형식이 부정의 형식을 띠고 나타났을 경우에 간접적이

---

6) '-(으)ㅁ'이 독자적인 종결 기능을 한다는 견해에 대해서는 장경현(1995) 참조

나마 명령의 의미를 가지게 되기도 하는 것은 무엇 때문인가? 이것은 '-지 못하-'나 '-ㄹ수 없-' 또는 '-면 안 되-'에 의한 행위의 부정이 금지를 의미함으로써 '말-'에 의한 부정명령이 나타내는 금지의 의미와 일치하기 때문이다.

> (8) 가. 이곳에서는 담배를 피우지 마세요(마십시오…마시오)
>   나. 이곳에서는 담배를 피우지 못함.
>   다. 이곳에서는 담배를 피울 수 없음.
>   라. 이곳에서는 담배를 피우면 안됨.

> (9) 가. 이곳에는 차를 세우지 마세요(마십시오…마시오)
>   나. 이곳에는 차를 세우지 못함.
>   다. 이곳에는 차를 세울 수 없음.
>   라. 이곳에는 차를 세우면 안됨.

이러한 의미의 일치는 동일한 발화수반효력을 가짐으로써 문체법상의 차이를 상쇄시켜 버리는 것이다.

2. 명령형 종결어미로서의 '-(으)ㄹ 것'과 '-도록'

'-(으)ㄹ 것'과 '-도록'은 문장 가운데서 각각 명사화소와 부사성 연결어미로 쓰이는 경우가 많다. 그러나 우리가 예문 (2)에서도 보았듯이 이들이 문장의 끝에 쓰일 경우에는 명사화소나 부사성 연결어미로 쓰이지 않고 하나의 명령형 종결어미로 기능하는 경우도 있다. 이것을 두고서 우리는 아래와 같이 주절의 동사가 생략된 불완전문으로 가정해 볼 수 있다.

(2') 가. 손대지 말 것을 명령한다/지시한다/…/당부한다.
　　　나. 10시까지 모두 모이도록 한다/해라/명령한다/지시한다/…/당부한다.

그러나 이러한 가정은 상당히 수용하기가 어렵다. 물론 의미상으로는 예문 (2가)와 (2나)는 각각 예문 (2'가), (2'나)와 유사하다고 할 수 있지만, 생략된 상위문의 동사가 어떤 것인지를 명확하게 지적하기 어렵다.(박금자, 1987:78~9) 이것은 생략이 대화의 효율성을 기하기 위한 것으로서 앞뒤 문맥이나 상황에 토대를 두는 것인 만큼 생략된 부분은 언제나 쉽게 복구될 수 있어야 한다는 속성과도 상치되는 것이다. 또한 실제 발화상황에서 대부분의 경우 예문 (2')가 예문 (2)를 대치하여 쓰이기는 어려우며, 설사 대치되어 쓰인다 하더라도 상당히 어색한 표현이 되고 만다.[7] 이러한 것들은 '-(으)ㄹ 것'이나 '-도록'으로 끝난 문장이 어떤 불완전한 형식이 아니라 완결된 형식으로서 독립적인 나름대로의 영역을 확보하고 있음을 말해 주는 것이라 생각된다.

그리고 '-(으)ㄹ 것'의 경우 아래의 예문에서 보듯이 이것 뒤에 종결의 기능을 하는 (명령의 의미를 가지지 않는) 말들이 오게 되면 명령의 의미가 사라지고 마는데(조성훈, 1989:17), 이것은 '-(으)ㄹ 것'이 원래는 종결어미가 아니었다 하더라도 문장 끝에서 명령 표현의 기능을 하는 이상, 문장 가운데 나타나는 '-(으)ㄹ 것'과는 구별되어야 하고, 나아가서 독립된 하나의 종결어미로 다루어져야 함을 말해 주는 것이며, 더욱이 주절의 동사 등이

---

7) 예문 (2나)의 경우 실제 발화상황에서 "10시까지 모두 모이도록 한다/해라."로 대치해서 쓸 수도 있고, 그 표현이 어색하지도 않지만 다음과 같은 예문을 검토해 보면 미묘한 차이를 보이는 것으로 판단된다.

　　예① 가. 철수야, 10시까지 나오도록 해라.
　　　　　나. ?*철수야, 10시까지 나오도록 한다.
　　　　　다. ?*철수야, 10시까지 나오도록.

이들의 미묘한 차이에 대해서는 보다 정밀한 검토가 필요하다.

생략된 것으로 다룰 수 없음을 나타내 주는 것으로 해석된다.

  (8) 가. 늦어도 내일까지는 돌아올 것이다.
      나. 아이들이 잠 들었으니 이제는 좀 조용해질 것 같다.
      다. 집에 올 것까지는 없다.

  '-도록'의 경우에도 이것 뒤에 명령문 종결어미를 취한 형태만 오는 것
이 아니라 다른 문체법에 속하는 형태도 얼마든지 올 수 있다.

  (9) 10시까지 모두 모이도록 해라/하자/했니/했다.

  이것은 '-도록'으로 끝난 문장이 어떤 명령 형태가 생략된 것으로는 볼
수 없으며,[8] 우리가 명령 형태가 생략된 것으로 가정하게 되는 것은 문장
끝의 '-도록'이 명령의 종결 기능을 하는 것을 바탕으로 거꾸로 추론한 결
과이다. 이러한 추론은 명령문이나 평서문에 수행동사로서 '명령하다'나
'진술하다' 등을 상정하는 것과 마찬가지이다.
  그런데 이들이 문장 끝에서 종결어미, 특히 명령형 종결어미로 보다 확
고한 지위를 가지려면 언제나 일정한 문체법, 즉 명령법을 나타내는 기능
을 하여야만 한다.

  (10) 가. 모두 운동장에 모여라.
       나. 내일까지 레포트를 제출해라.
       다. 전기를 아껴 써라.

  (10') 가. 모두 운동장에 모일 것.
        나. 내일까지 레포트를 제출할 것.

---

8) 임홍빈(1984:18)에서도 "철수가 이 일을 하도록 하라/하여라."는 자연스러운 반면 "?철수
   가 이 일을 하도록!"은 다소 기묘하게 느껴지는 점과, '-도록'과 비슷한 의미를 가지는
   '-게'의 경우 "*너는 이 일을 하게!"(하게체가 아님)라는 명령이 성립되지 않는 점을 들어
   '-도록'으로 끝난 문장은 그 자체로서 문종결적이라고 하고 있다.

다. 전기를 아껴 쓸 것.

(10″) 가. 모두 운동장에 모이도록.

나. 내일까지 레포트를 제출하도록.

다. 전기를 아껴 쓰도록.

예문 (10′)와 (10″)는 예문 (3)을 각각 '-(으)ㄹ 것'과 '-도록'을 가진 문장으로 바꿔 놓은 것이다. 그러나 이들은 모두가 명령문의 기능과 의미를 가진다는 점에서는 차이가 없다. 물론 이들은 화자와 청자 사이의 격식성에서의 차이나 상대높임법 등분상에서의 미세한 차이를 가지고 있다.(4장 참조) 그러나 이러한 차이는 서로 다른 문체법에 속하는 것으로 분류할 수 있는 근거는 되지 못한다. 전형적인 명령형 어미를 취하고 있는 예문 (10)과 '-(으)ㄹ 것', '-도록'을 취하고 있는 예문 (10′), (10″)의 차이는 서로 다른 상대높임법 등분에 속하는 명령문 사이에 존재하는 차이와 동질적인 것이라고 할 수 있기 때문이다.

또한 '-(으)ㄹ 것'과 '-도록'을 취한 문장들은 다른 명령문이 가지는 제약과 특성을 그대로 가지고 있다.9) 첫째로 시상과 관련되는 어떠한 형태소도 결합되지 않는다는 것이다.

(11) 가. 복사할 사람은 이름을 적을 것/*적었을 것/…/*적겠을 것.

나. 복사할 사람은 이름을 적도록/*적었도록/…/*적겠도록.

둘째, 명령문의 경우 간접인용문에서는 소위 중화된 형식인 '-(으)라'형태로 나타나는데 '-(으)ㄹ 것'이나 '-도록'의 경우에도 마찬가지이다.

---

9) 박영준(1994:35)에서는 명령문 종결어미의 검증기준으로 다음과 같은 네 가지 기준을 제시하고 있다.

① '말' 부정이 가능한가?

② 간접인용으로 전환시 '-(으)라, -자'가 출현하는가?

③ 수행문으로 전환시 '-(으)라, -자'가 출현하는가?

④ 시제형태소와 호응하는가?

(12) 가. 오늘 저녁까지 끝낼 것.

　　　가'. 오늘 저녁까지 <u>끝내라고</u> 한다.

(13) 가. 오늘 모임에 모두 참석하도록.

　　　가'. 오늘 모임에 모두 <u>참석하라고</u> 한다.

셋째, 주어의 인칭의 문제인데, 적어도 1인칭과 3인칭이 명령의 주체인 주어로 나타날 수는 없다는 것이다.10)

(14) 가. *내가 할 것.

　　　나. *그가 할 것.

(15) 가. *내가 하도록.

　　　나. *그가 하도록.

넷째, 다른 명령문과 마찬가지로 주로 동작동사와 결합하여 명령문을 만든다. '-(으)ㄹ 것'의 경우 아래의 예문에서 보는 바와 같이 서술격조사나 상태동사와 결합하여 명령의 의미가 아니라 조건을 나타내 주는 기능을 하기도 한다.

(16) 가. 서울에 3년 이상 거주한 사람일 것.

　　　나. 얼굴은 예쁠 것.

그러나 이것이 '-(으)ㄹ 것'을 명령기능을 하는 어미에서 제외시킬 수 있는 근거는 되지 못한다. 왜냐하면 명령형 어미 '-아/어라' 경우에도 서술격조사나 상태동사와 결합하여 명령의 의미가 아닌 감탄의 의미를 나타내

---

10) '-(으)ㄹ 것'의 경우 2인칭대명사가 주어로 쓰이기는 어렵고, '-도록'의 경우에도 '너'와 같은 2인칭대명사는 주어로 쓰이기 어려우나 이것은 '-(으)ㄹ 것'이나 '-도록'이 갖는 화용상의 제약에 말미암는 것으로서 근본적으로 2인칭대명사가 주어로 쓰일 수 없는 것과는 구별된다.(4장 참조)

기는 마찬가지이기 때문이다.

> (17) 가. 인생은 바람이어라.
>   나. 얼굴도 예뻐라.

지금까지 우리는 '-(으)ㄹ 것'과 '-도록'이 상위문의 어떤 동사가 생략된 것일 수 없음을 구명했고, 일정한 조건이 갖추어지면 언제나 명령을 나타내는 기능을 하며, 또한 우리가 전형적인 명령문이라고 하는 '-아/어라' 명령문과 여러 가지 면에서 공통적인 특징을 가진다는 것을 살펴보았다. 이러한 것을 종합해 볼 때 '-(으)ㄹ 것'과 '-도록'은 종결어미로서의 어휘적 구성이 특이하고 형태가 독특하다고 하더라도 종결어미의 범주에 포함시키는 데에는 문제가 없는 것으로 판단된다.

3. '-(으)ㄹ 것'과 '-도록'의 화용상의 특징

우리는 3장에서 '-(으)ㄹ 것'과 '-도록'이 독자적인 문장 종결표지로 기능함을 구명하였다. 우리가 일반적으로 생각하고 있는 문장 종결어미들과는 외형상 상당히 이질적으로 보이는 이러한 형태들이 문장 종결어미로서의 지위를 갖게 된 것은 실제 언어 사용 영역에서 이들이 배타적으로 쓰일 수 있는 부분이 있었기 때문이라고 생각된다. 만약 이러한 배타적인 부분이 없었다면 '관형사형 어미+형식명사' 구성으로 된 '-(으)ㄹ 것'이나 연결어미인 '-도록'이 종결어미로 쓰임을 확대할 가능성은 그만큼 줄어들게 되는 것이다. 여기에서는 '-(으)ㄹ 것'과 '-도록'의 화용상의 특징을 살펴봄으로써 이들이 명령형 종결어미로서 배타적으로 사용되는 영역은 어디인지를 살펴보고자 한다.

'-(으)ㄹ 것'은 공고문이나 지시문과 같은 단독적 발화 장면에서만 쓰일 수 있고 상관적 발화 장면에서는 쓰일 수 없다.[11]

(18) 가. *다음 시간까지 모두 리포트를 제출할 것.
   (강의실에서 교수가 학생들에게)
   나. *모두 10분 내로 운동장에 집합할 것.
   (선생님이 학생들을 앞에 두고)

(19) 가. 기타 자세한 사항은 본교 교무과로 문의할 것.
   (신입생 모집 공고)
   나. 위 책의 복사를 원하는 사람은 이름을 적을 것.
   (칠판의 공지사항)

(20) 지금부터 회장님의 지시사항을 전달하겠습니다.
   첫째, 기획실에서는 매출증대방안을 수립하여 보고할 것.
   둘째, ………
   셋째, ………
   넷째, 인사과에서는 내일까지 승진 대상자를 보고할 것.
   이상입니다.

예문 (18)은 교수나 선생님이 학생들을 마주하고 있는 상황으로서 상관적 발화장면으로 분류되고, 예문 (19)는 간접매체를 이용한 것으로서 단독적 발화장면으로 분류되는데 예문 (19)만이 자연스러운 문장이 되고 있다. 그리고 예문 (20)의 경우는 지시사항을 중간매개자를 통해 전달하는 것으로서 이는 단독적 발화장면으로 분류되기 때문에 '-(으)ㄹ 것'의 쓰임에 아무런 지장이 없다.

---

11) 박금자(1987:79)에서는 다음과 같은 예문을 들어 '-(으)ㄹ 것'이 상관적 발화장면에서도 드물게이지만 쓰인다고 하고 있다.

   ① 장서희, 2층에 가서 재떨이를 가져올 것.

'-(으)ㄹ 것'이 상관적 장면에서는 쓰일 수 없고 단독적 장면에서만 쓰인다는 것은 두 가지 측면에서 뒷받침된다. 첫째, 화자와 청자가 마주 대하고 있어 대화가 가능한 상관적 발화 장면에서는 호격어가 나타날 수 있는데 호격어와 '-(으)ㄹ 것'은 호응해서 쓰일 수 없다는 것이다.(유동석, 1990 참조)

> (21) 가. *애들아, 모두 10분 내로 운동장에 집합할 것.
> 나. *철수야, 빨리 집에 갈 것.
> 다. *여러분, 다음 시간까지 모두 리포트를 제출할 것.

> (21') 가. 애들아, 모두 10분 내로 운동장에 집합해라.
> 나. 철수야, 빨리 집에 가라.
> 다. 여러분, 다음 시간까지 모두 리포트를 제출하세요.

상관적 발화 장면에서는 화자와 청자가 동일한 발화공간에 있는 것이기 때문에 호격어의 쓰임은 아주 자연스러운 것이라고 할 수 있다. 따라서 '-(으)ㄹ 것'의 경우에도 이것이 만약에 상관적 발화 장면에서 쓰일 수 있는 것이라면 호격어가 상대높임법 등분에 맞기만 하면 함께 나타날 수 있어야 한다. 이러한 조건을 어느 정도 만족시킨다고 할 수 있는 예문 (21가, 나)가 비문이 되는 것은 '-(으)ㄹ 것'이 상관적 장면에 쓰일 수 없는 것이어서 호격어와 함께 나타날 수 없는 것이라는 데 그 원인이 있는 것이다. 한편, 예문 (21다)의 호격어 '여러분'은 '-(으)ㄹ 것'과 상대높임법 등분상으로 일치하지 않는 예이지만(後述), 이 예문이 비문이 되는 일차적인 원인은 상대높임법 등분상의 불일치에 있는 것이 아니라 '-(으)ㄹ 것'이 단독적 장면에서만 쓰일 수 있는 것이라는 데 있다. 상대높임법 등분상으로 적절하냐 그렇지 않느냐는 호격어가 쓰일 수 있는 상황이 전제된 이후의 문제인 것이다.

그런데 아래의 예문에서처럼 '-(으)ㄹ 것'이 표면상 호격어와 함께 쓰이는 것처럼 보이는 경우가 있다.

(22) 김철수, 6시까지 도서관으로 올 것.

화자가 '김철수'를 앞에 두고서 이러한 문장을 사용했다면 비문법적인 문장이 된다. 그렇지만 메모 등에서 이와 같이 나타난다면 적절한 문장이 되는데 이 경우에 호격어처럼 보이는 '김철수'는 호격어가 아니라 단순히 명령의 대상을 지정해 주는 기능만을 하는 것으로서 '김철수'가 문법상 주어로 실현되는 아래의 예문과 동일하다고 할 수 있다.

(22') 김철수는 6시까지 도서관으로 올 것.

둘째, 인칭대명사, 특히 2인칭대명사의 쓰임에 제약이 있다는 것이다. 2인칭대명사는 그 특성상 발화 현장에 2인칭대명사로 지칭되는 대상이 반드시 있어야 쓰일 수가 있다.

(23) 가. 네가/너희들이 내 책 가져 갔니?
      나. 네가/너희들이 장난을 쳤구나.
      다. 네가/너희들이 내 컴퓨터를 다 망쳤어.

예문 (23가, 나, 다)는 각각 의문문, 감탄문, 평서문의 예인데, 이들은 2인칭 '너, 너희들'로 지칭되는 대상이 화자와 동일한 발화 공간 내에 있다는 것이 전제되지 않으면 안 된다. 이러한 사정은 명령문에서도 마찬가지이다. 명령문에서 명령 수행의 주체로서 2인칭의 인칭대명사가 명시될 수 있으려면 반드시 상관적 발화 장면이어야 한다. 그래서 간접적인 매체를 이용한 명령인 간접명령(고영근, 1976:35~7 참조)이나 구체적인 청자를 상정하지 않는 절대명령(임홍빈, 1983 참조)에서는 2인칭의 인칭대명사가 명령의 주체로서 명시될 수 없다.

(24) 가. *네가/*너희들이/*당신이 각성하라.
        cf) 네가/너희들이 각성해라. / 당신이 각성하시오

　　나. *네가/*너희들이/*당신이 대책을 세우라.
　　　　cf) 네가/너희들이 대책을 세워라. / 당신이 대책을 세우시오

　예문 (24가, 나)는 소위 간접명령이나 절대명령에 속하는 것으로서 2인
칭의 인칭대명사가 명령의 주체로서 표면에 명시될 수 없음을 보여 준다.
'-(으)ㄹ 것'의 경우에도 이러한 2인칭 대명사를 표면에 내세울 경우 비문
법적인 문장이 되기는 마찬가지이다.

　　(25) 가. *네가 가서 아버지를 모시고 올 것.
　　　　나. *너희들이 짐을 옮겨올 것.

　이것은 '-(으)ㄹ 것'에 의한 명령이 적어도 상관적 발화장면에서는 쓰일
수 없다는 측면에서는 간접명령이나 절대명령과 그 성격을 같이한다는 것
을 말해 주는 것이다. 이러한 특성은 부정대명사가 명령의 주체로 쓰일
경우에도 동일하게 나타난다.

　　(26) 가. *(너희들 중에/여러분들 중에) 아무나 오라.
　　　　나. *(너희들 중에/여러분들 중에) 아무나 올 것.
　　　　다. (너희들 중에) 아무나 와라./(여러분들 중에) 아무나 오세요

　　(27) 가. *(너희들 중에) 누가 좀 오라.
　　　　나. *(너희들 중에) 누가 좀 올 것.
　　　　다. (너희들 중에) 누가 좀 와라.

　부정대명사 '아무'나 '누구'는, 특히 명령문에서 사용이 가능하려면 명령
수행이 가능한 복수의 대상이 발화 현장에 있어야 한다는 것이 전제되어
야 하는데, 이는 상관적 장면이어야 함을 의미한다. 이것은 예문 (26), (27)
에서 보듯이 우리가 '너희들 중에/여러분들 중에'를 상정할 수 있다는 것
에 의해 뒷받침된다.
　'-(으)ㄹ 것'이 가지는 이러한 인칭제약으로 말미암아 '-(으)ㄹ 것' 명령

문의 주어는 명사 내지 명사 상당어구로밖에 실현될 수 없다.[12]

(28) 가. <u>등산 모임에 참가할 사람은</u> 일요일 아침 8시까지 학교 정문 앞으로 올 것.
　　 나. <u>수험생들은</u> 9시까지 입실할 것.
　　 다. <u>김철수는</u> 이번 주 안으로 과사무실에 들를 것.

'-(으)ㄹ 것'이 단독적 장면에 한정되어 쓰임으로써 생기는 인칭제약, 나아가서 주어는 명사 내지 명사 상당어구로만 실현되는 특성은 '-(으)ㄹ 것' 명령문의 주어의 생략을 거의 불가능하게 한다.[13]

(28') 가. 일요일 아침 8시까지 학교 정문 앞으로 올 것.
　　 나. 9시까지 입실할 것.
　　 다. 이번 주 안으로 과사무실에 들를 것.

위의 예문들을 비문법적인 문장이라고 하기는 어렵다 할지라도 특별한 상황이 전제되지 않으면 적절한 문장으로 쓰이기 어렵다. 이것은 상관적 장면에서 사용되는 명령문의 경우 특별한 경우가 아니면 주어가 쉽게 생략되는 것과 대비된다.[14]

'-(으)ㄹ 것' 명령문이 단독적 발화 장면에서만 쓰이는 것과는 대조적으

---

12) '-(으)ㄹ 것'명령문의 주어가 이와 같이 명사 내지 명사상당어구로 실현되기 때문에 주어가 2인칭인지 3인칭인지에 대해서는 논란의 여지가 있다. 박금자(1987:71)에서 "단독적 장면에서의 주어는 문법상 3인칭으로 감추어져 있으나, 의미상 2인칭으로 보지 않으면 안 된다."는 견해가 참고되나 좀더 정밀한 검토가 필요하다.
13) 이러한 특성은 이른바 간접명령이나 절대명령에서도 그대로 나타난다.
14) 상관적 발화 장면에 쓰이는 명령문일지라도 주어가 '너, 너희, 당신' 등과 같은 2인칭 대명사가 아니고 다음과 같이 명사 내지 명사 상당어구로 실현되는 경우에는 일반적으로 주어의 생략이 용이하지 않다.

① 가. (철수는 말고) <u>영희는</u> 앉아라.
　　 나. <u>아버지께서</u> 좀 하세요.
　　 다. <u>졸업여행 갈 사람은</u> 나한테 신청해라.

로 '-도록' 명령문은 상관적 발화 장면에서만 사용된다. 이것은 예문 (18)
~(20)의 '-(으)ㄹ 것'을 '-도록'으로 바꿔 놓은 아래의 예문 (18')~(20')가
예문 (18)~(20)과 정반대의 결과를 보이는 것에서 잘 알 수 있다.

(18') 가. 다음 시간까지 모두 리포트를 제출하도록.
           (강의실에서 교수가 학생들에게)
      나. 모두 10분 내로 운동장에 집합하도록.
           (선생님이 학생들을 앞에 두고)

(19') 가. *기타 자세한 사항은 본교 교무과로 문의하도록.
           (신입생 모집 공고)
      나. *위 책의 복사를 원하는 사람은 이름을 적도록.
           (칠판의 공지사항)

(20') 지금부터 회장님의 지시사항을 전달하겠습니다.
      첫째, *기획실에서는 매출증대방안을 수립하여 보고하도록.
      둘째, ………
      셋째, ………
      넷째, *인사과에서는 내일까지 승진 대상자를 보고하도록.
      이상입니다.

또한 '-도록' 명령문에는 제약이 있기는 하지만(後述) 호격어가 쓰일 수
가 있고(예문 (29)), 2인칭대명사나 부정대명사가 주어로 쓰일 수 있다는 측
면에서도(예문 (25')~(27')) '-(으)ㄹ 것' 명령문과 대비된다.

(29) 가. 김철수, 지금 빨리 집에 가 보도록.
      나. 김 병장, 지금 즉시 중대장님께 가 보도록.

(25') 가. 네가 가서 아버지를 모시고 오도록.
      나. 너희들이 짐을 옮겨오도록.

(26′) (너희들 중에) 아무나 오도록.
(27′) (너희들 중에) 누가 좀 오도록.

‘-도록’은 호격어나 2인칭대명사 또는 부정대명사 이외에도 상관적 장면임을 나타내 주는 요소가 있는 경우에는 자연스럽게 쓰일 수가 있다.

(30) 가. 좋아, 편히 쉬도록.
　　 나. *좋아, 편히 쉴 것.

예문 (30)의 ‘좋아’는 화자가 자기 앞에 주어진 어떤 사태에 대해 평가를 내리는 것으로서, 이러한 발화는 주로 상관적 발화 장면에서 쓰이는 것이다. 그렇기 때문에 (30나)에서 보듯이 단독적 발화 장면에서만 쓰이는 ‘-(으)ㄹ 것’ 명령은 가능하지 않게 되는 것이다.[15] 이것은 아래의 예문에서 보는 바와 같이 동일한 발화 공간에 있는 청자에게 어떤 반응을 요구하는 ‘알겠나?’와 같은 말이 첨가될 수 있느냐 없느냐에 의해서도 검증된다.

(30′) 가. 좋아, 편히 쉬도록. 알겠나?
　　 나. *좋아, 편히 쉴 것. 알겠나?

단독적 발화 장면에서 쓰이는 ‘-(으)ㄹ 것’이나 상관적 발화 장면에서 쓰이는 ‘-도록’은 모두 구체적인 청자를 대상으로 하는 현실적인 발화이기 때문에 상대높임법의 측면에서 일정한 제약 조건을 가지게 된다.[16] 우선

---

15) 예문 (30)에 대해 박금자(1987:80~81)에서는 의미상으로 ‘-(으)ㄹ 것’이 ‘-도록’보다는 강한 의무양태 표현이어서 ‘-도록’은 행동의 가능성을 허락할 때 쓰이지만, ‘-(으)ㄹ 것’ 은 그렇지 않다고 설명하고 있다.

16) ‘상관적 장면’과 ‘단독적 장면’은 고영근(1976:17)에서의 용어로서, 전자는 “청자가 반드시 대화에 참여하기 때문에 화자와의 사회적 관계에 따라 결어법의 한 범주인 존비법이 표시되는 것”으로 정의되고, 후자는 “화자는 청자를 직접 의식하지 않기 때문에 화자와 청자 사이에 일정한 관계가 맺어질 수 없으며, 따라서 존비의 등분도 나타날 수 없는

'-(으)ㄹ 것'이나 '-도록' 모두 청자가 상위자일 때에는 쓰일 수 없다는 측면에서 동일하다는 점을 지적할 수 있다.17) 여기에 대해서는 이미 박금자(1987:81)에서 다음과 같은 예를 통해서 확인된 바 있다.18)

> (31) 가. ?이만 쉬시도록.
>   나. *12시까지 서울역 앞으로 모이실 것.

주체높임의 선어말어미 '-시-'가 일반적으로 하게체까지는 나타날 수 있으나 해체나 해라체에는 나타날 수 없다는 점을 고려할 때 예문 (31)과 같은 결과는 '-(으)ㄹ 것' 명령이나 '-도록' 명령이 적어도 상위자에게는 쓰일 수 없다는 것을 명백히 해 주는 것으로 판단된다. 한편, 아래의 예문 (32)은 예문 (19가)와 비교되는 것으로서 명령 수행자가 '학생'에서 '교수'로 바뀌면서 '-(으)ㄹ 것' 명령이 쓰이지 못함을 보여 주는 예인데 이것 또한, '-(으)ㄹ 것' 명령이 상위자에 대해서는 쓰일 수 없는 화계상의 제약을 보여 주는 것이라 할 수 있다.

> (32) 기타 자세한 사항은 본교 교무과로 문의하시기 바랍니다.
>   (교수 초빙 공고)

것"으로 정의되고 있다. 그러나 '-(으)ㄹ 것'의 경우 화자와 청자 사이에 일정한 존비관계가 성립하는 것이기 때문에 엄밀하게 따지면 단독적 장면에서 사용된다는 설명은 부정확한 점이 있다. 적어도 '-(으)ㄹ 것'과 '-도록'의 설명에는 '상관적 장면'이나 '단독적 장면'이라는 용어보다 단순히 화자가 청자를 대면하고 있느냐 그렇지 않느냐만 고려되는 '직접대면상황'과 '간접대면상황'이라는 용어가 더 적절할는지도 모른다. 여기에 대해서는 좀더 면밀한 검토가 필요하다.

17) 한길(1991:391)에서는 '-(으)ㄹ 것'이 "글말이나 다수의 들을이에게 발화할 때만 쓰이기 때문에 특정한 높임의 등분으로 발화했다기보다는 말할이가 들을이를 의식하지 않은 형태로 볼 수 있어 높낮이가 중화된 높낮이없음 종결접미 형태에 포함된다."고 하고 있는데, 이는 '-(으)ㄹ 것'도 대우법상 일정한 등급에 속하는 것으로 보는 본고의 입장과 대비된다.

18) 예문 (31)은 박금자(1987:81)에서 재인용한 것인데, 필자의 직관으로는 예문 (31가)도 비문법적인 문장인 것으로 판단된다.

‘-(으)ㄹ 것’ 명령과 ‘-도록’ 명령이 이처럼 화계상 청자가 화자보다 상위자일 때에는 쓰일 수 없다는 공통점을 가지고 있지만, ‘-(으)ㄹ 것’ 명령이 화자가 청자보다 상위자일 때뿐만 아니라 양자가 동등한 지위일 때에도 사용될 수 있는 것과는 달리 ‘-도록’ 명령은 화자가 청자보다 상위자일 때에만 사용이 가능하다는 측면에서 차이를 보인다.

(33) 가. 김 과장, 내일까지 결산 보고할 것.(메모)
　　　나. MT 갈 사람은 이름을 적을 것.(공고)

위의 예문 (33)을 보면 화자가 청자보다 상위자일 때에는 그 쓰임에 문제가 없으나 화자와 청자가 동등한 지위에 있을 경우 (33가)는 쓰이기가 어려울 수 있다. 그러나 이것은 ‘-(으)ㄹ 것’이 화자와 청자가 동등한 지위일 경우에 사용될 수 없어서가 아니라 문장의 내용이 문제가 되는 것이다. 즉, ‘보고’라는 것 자체가 동등한 지위의 화자와 청자 사이에서는 부적절하기 때문이다. 동등한 화자와 청자 사이에서 쓰이는 해라체나 해체의 경우에도 마찬가지인 것이다.

(34) 가. 김 과장, 내일까지 결산 보고해라.
　　　나. 김 과장, 내일까지 결산 보고해.

동일한 지위의 화자가 예문 (34)와 같은 발화를 했다면 청자인 ‘감 과장’은 “자기가 뭔데 나한테 보고하라고 명령하는 거야.”와 같은 독백을 하게 된다. 이것은 해라체나 해체가 화자와 청자가 동등한 지위일 경우에도 문장 내용에 따라서 부적절할 수 있음을 말해 주는 것인데, 그렇다고 이를 두고서 해라체나 해체가 화자와 청자가 동등할 경우에 사용될 수 없다고는 할 수 없는 것이다. 더욱이 예문 (33가)를 아래와 같이 내용을 바꿔 놓으면 동등한 화자와 청자 사이에서도 전혀 문제가 되지 않는다.

(35) 김 과장, 내일 아침 9시까지 공항으로 나올 것.

'-도록' 명령이 화자가 청자보다 상위자일 때에만 가능하다는 것은 아래의 예문을 통해서 확인된다.

> (36) 가. *철수는 빨리 집에 가도록.　　　　　　　(영호가 친구인
> 　　　나. *김철수, 지금 즉시 선생님께 가 보도록.　　철수에게)

만약 화자가 청자보다 상위자일 경우에는 예문 (36)이 아주 자연스럽게 쓰일 수 있다는 것은 의심할 여지가 없다.

'-도록' 명령에서 화자가 청자보다 상위자일 경우에 쓰인다고 하지만 실제로 그 쓰임은 훨씬 더 제약된다.

> (37) 가. ?*철수야, 지금 즉시 집에 가도록.
> 　　　나. ?*애들아, 모두 운동장에 집합하도록.
> 　　　다. ?너는 여기 남도록.
> 　　　라. 김 병장, 오늘 내로 이 일을 끝마치도록.

예문 (37가, 나)의 화자가 청자보다 상위자라 할지라도 이들은 비문법적인 문장이 되고 있다. 이것은 우리가 단순히 화자와 청자 사이의 존비관계에만 의존하여 설정하는 상대높임법 체계의 테두리 안에서는 설명하기가 어렵다는 것을 말해 주는 것이다. 이러한 결과에 대해 적절한 설명을 하기 위해서는 화자와 청자 사이의 존비관계 이외에 제3의 다른 기준이 동원되어야 하는데 그 기준은 무엇인가? 이 문제에 대한 해결의 실마리를 우리는 호격어에서 찾을 수 있다. 호격어는 어휘적으로 항상 청자를 지시하면서 화자의 청자에 대한 태도가 반영되는 문장 성분이라고 할 때(유동석, 1990:62~3 참조), 예문 (37가, 나)가 비문법적인 문장이 되는 것은 호격어에 반영되는 청자에 대한 화자의 태도가 '-도록'에 반영되는 청자에 대한 화자의 태도와 일치하지 않기 때문이다. 이는 예문 (37가)를 다음과 같이 바꿔 놓으면 그 비문법성이 해소된다는 점에서 뒷받침된다.[19]

(37') 가. 김철수, 지금 즉시 집에 가도록.

그러나 '철수야'와 '김철수' 사이의 차이는 그렇게 간단히 설명되지는 않는 것 같다. 현재로서는, 호격조사 '아'가 신분상 청자가 화자보다 낮거나 혹은 동등하더라도 허물없는 사이에 쓰인다고 할 때(이필영, 1986:528 참조) '-도록' 명령은 상당히 공식적이고 격식을 차리는 상황, 개인적인 친밀감의 표시를 허용하지 않는 상황에 쓰이는 것이라 할 수 있고, 호격어도 이러한 상황에 알맞는 것으로 제한된다고 할 수 있을 뿐이다. 예문 (37다)를 비문법적인 문장이라고 하기는 어려워도 때에 따라서 어색하게 들릴 수도 있는 것도 대명사 '너'가 공식적이고 격식적인 성격을 결여하고 있기 때문이라고 생각된다. 대명사 '너'의 비격식성은 이것을 격식적인 지칭어라 할 수 있는 '김 대리'나 '자네'로 바꿔 놓은 아래의 예문이 예문 (37다)보다 훨씬 자연스러운 데에서 어느 정도 드러난다.

(37") 다. 김 대리는/자네는 여기 남도록.

예문 (37라)가 자연스럽게 쓰일 수 있는 것도 이러한 관점에서 바라볼 수 있다.

---

19) 예문 (37나)의 비문법성을 해소할 수 있는 적절한 호격어는 없는 듯하다. 물론 이러한 호격어를 찾아낸다면 자연스러운 문장의 생성은 가능할 것이다.

결 론

　본고는 명령문의 일반적인 특성을 밝히고 몇 가지 유형의 명령문의 본질을 구명하는 것을 목적으로 하였다. 명령문의 일반적인 특성을 밝히는 데 있어서는 명령문에 대한 기존의 논의를 바탕으로 하지만 명령문이 어떤 문장 유형보다도 화용론적 성격이 강하다는 것에 주목하여 명령문의 화용론적인 측면을 보다 중시하는 입장을 취하였다.

　제2장에서는 명령문과 밀접한 관련이 있는 것으로 다루어져 온 허락문과 기원문, 그리고 청유문 등과 명령문의 관계에 대해서 살펴보았다. 이른바 허락문은 행위 수행자의 행위 수행에 대한 긍정적인 의도가 명시될 때 사용되는 것이지만 행동을 유발하는 것은 결국 화자라는 것과 허락형 어미의 분포가 상대높임법 등분상으로 몇몇 등급에 한정되어 있다는 것, 또한 한정되어 실현되는 허락형 어미조차, 일반적으로 허락형 어미와 일반 명령형 어미가 화자의 정감적인 태도에서 차이를 보인다는 것을 제외한다면 일반 명령형 어미로 쉽게 교체되어 쓰인다는 것, 그리고 허락문은 일반적인 명령문이 가지는 여러 가지 제약을 함께 한다는 것을 들어 독립적인 문장 유형으로 분류하기 어렵다는 것을 확인했다.

　명령문이 명령의 의미를 가지지 못 하고 기원의 의미를 나타내는 데 그치는 이유를 명령 수행의 주체와 서술어로 표현되는 명령 수행의 내용의 측면에서 살펴보았다. 즉, 명령은 명령 수행의 주체가 화자의 통제권 안에 있다는 것을 전제로 하는 것인데, 명령 수행의 주체가 화자의 통제권 안에 있는 대상이 아닐 경우와 서술어로 표현되는 내용을 명령 수행의 주체가 수행할 수도 없고, 또한 화자는 청자가 수행할 것을 상정하지 않는 경우에는 명령문이 명령의 의미를 갖지 못하고 기원의 의미만을 가지게 된다. 청유문의 경우에는 상대방에게 행동 수행을 요구한다는 점에서는 넓은 의미의 명령문에 포함시킬 수 있지만 일반적으로 지적되어 왔듯이 형태·통사론적인 측면에서는 명령문과 완전히 다른 모습을 보이기 때문에 명령문과는 다른 독립적인 범주로 다루어야 한다는 입장을 취했다.

제3장에서는 명령문의 일반적 특성을 다루었는데, 특히 기존의 명령문 논의에서 별다른 관심을 두지 않았던 주어와 호격어의 문제를 폭넓게 다루고자 하였다. 기존의 명령문 논의에서 주어의 지시 대상과 호격어의 지시 대상이 일치한다는 것이 묵시적으로 인정되어 왔고 실제로 대부분의 경우에 주어와 호격어의 지시 대상이 일치하지만, 주어와 호격어의 지시 대상이 일치하지 않는 경우를 들어 주어와 호격어의 지시 대상은 각각 명령 수행의 주체와 청자로 달리 인식되어야 함을 밝혔다. 또한 표면상 3인칭이 명령문의 주어로서 나타나는 경우가 있지만 이러한 명령문에는 표면적으로 실현되지 않은 2인칭 주어를 설정할 수 있음을 들어 명령문의 주어는 2인칭이어야 함도 구명하였다.

그리고 명령문에서 주어는 명령 수행의 주체를 지시하는 기능을 가진다는 것을 전제하고, 명령문에서 주어가 비교적 쉽게 생략되지만 이러한 생략은 일정한 조건, 즉, 명령문의 발화라는 상황의 도움이나 호격어의 도움을 받는 경우에 생략되고, 명령 수행의 주체가 청자 가운데 일부로 한정되거나 호격어가 실현되더라도 호격어의 지시 대상과 주어의 지시 대상이 일치하지 않는 경우, 또는 명령 수행의 주체에 화자의 초점이 놓이는 경우에는 주어가 반드시 실현되어야 한다는 점을 밝혔다.

　주어와 호격어의 구별에서는 호격 조사를 동반한 호격어가 실현된 경우나 호격 조사를 동반하지 않더라도 명령 수행의 주체를 가리키는 성분이 둘 다 실현된 경우에는 호격어와 주어의 구별에 어려움이 없지만 명령 수행의 주체를 가리키는 성분이 하나만 실현되고, 또한 이것이 호격 조사와 같은 구별 요소가 없는 경우에는 순전히 어조의 끊김이라는 운율적인 요소에 의지할 수밖에 없다는 것에 대해 언급했다. 그리고 호격어의 기능과 형식에서는 호격어의 기능을 정체 확인 기능과 표현적 기능으로 나누고 정체 확인 기능을 가질 수 없는 부정대명사의 경우 호격어로 쓰일 수 없음을 지적했고, 몇 가지 대표적인 호격어를 예로 들어 표현적 기능에서 어떠한 차이를 보이는지에 대해서도 언급했다. 서술어의 형태적 특성과 부정명령에서는 기존의 논의를 소략하게 정리했고, 서술어의 제약에서는 명령문에 쓰이는 서술어를 동작주의 의지나 의도의 개입 가능성 또는 제어가능성이라는 의미적인 기준을 이용해서 하나의 범주로 묶었다.

　제4장에서는 이미 고영근(1976), 임홍빈(1983) 등의 논의에서 지적된 간접명령 또는 절대명령의 여러 가지 특성, 즉 단독적 장면에서의 명령이라든가, 추상적인 청자에 대한 추상적인 화자의 명령이라고 하는 주요 특성을 바탕으로, 이러한 여러 가지 특성을 통합할 수 있는 공통된 특징을 찾고자 하는 데 초점을 맞추었다. 그래서 이러한 특성은 간접명령의 대우 중립적인 성격에서 비롯되는 것이라는 점에 대해 논의했고, 간접명령이 대우 중립적이라는 성격을 가지고 있기 때문에 어떤 식으로든 청자에 대한 화자의 대우 의식이 반영되는 경우 간접명령의 쓰임은 그만큼 제약된다는 것을 여러 가지 예를 통해 살펴보았다.

　5장에서는 기존의 명령문 논의에서 부분적으로 다루어지기도 했지만 형태상의 특이성과 쓰임상의 편중성 때문에 본격적인 논의의 대상이 되지 못했던 명사형 종결형 '-(으)ㄹ 것'과 부사형 종결형 '-도록'이 일반 명령형 종결어미와 동등한 자격을 가지는 명령형 종결어미임을 밝히고, 나아가서 이들의 화용상의 특성을 구명하고자 했다. '-(으)ㄹ 것' 명령이나 '-도록'

명령은 아무런 높임법 형태가 반영되어 있지 않기 때문에 근본적으로 상위자를 대상으로 하는 명령에서는 쓰일 수 없지만, '-(으)ㄹ 것' 명령은 동등한 사이이거나 하위자에게 모두 쓰일 수 있는 반면 '-도록' 명령은 하위자에게만 쓰일 수 있다는 것에 대해 논의했다.

본고는 많은 문제를 남겨 두고 있다. 명령문에서 주어와 호격어의 역할을 생각할 때 이들의 특성을 밝히는 것은 명령문의 성격을 구명하는 데 중요한 역할을 할 것으로 생각되지만 주어와 호격어의 성격 구명에 대한 본고의 논의는 많은 한계를 보여 주고 있다. 특히 실제로 너무나 다양하게 나타나는 호격어들을 어떻게 범주화할 수 있는가는 중요한 문제일 수 있음에도 불구하고 논의의 대상으로 삼지 못했다. 또한 호격조사 '아/야'의 결합 양상에 대해서는 전혀 다루지 못했다. 상대높임법상으로 같은 등급에 속하는 호칭어에 대해서 이들의 결합 양상은 차이를 보이는데, 이러한 차이가 어디에서 비롯되는 것인지에 대해 필자는 가설조차 세우지 못한 상태이기 때문이다. 그리고 서술어와 부정명령의 경우 통사적인 관점에서의 해석이 필요하지만 기존의 연구에서 밝혀진 일반적인 특성을 요약하는 데 그쳤다. 이러한 문제들은 언젠가는 반드시 보다 깊이 있게 다루어져야 할 문제라고 생각된다.

참고문헌

강신항(1979), 「안동방언의 명령법·약속법 등」, 『성대논문집』 26.

강창석(1987), 「국어 경어법의 본질적 의미」, 『울산어문논집』 3, 울산대학교.

고영근(1974), 「현대국어의 종결어미에 대한 구조적 연구」, 『어학연구』 10-1, 서울대학교 어학연구소.

고영근(1976), 「현대국어의 문체법에 대한 연구」, 『어학연구』 12-1, 서울대학교 어학연구소.

고영근(1986), 「서법과 양태의 상관관계」, 『국어학신연구』, 탑출판사.

고영근(1987), 「보충법과 불완전계열의 문제」, 『어학연구』 23-3, 서울대학교 어학연구소.

고영근(1989), 『국어형태론 연구』, 서울대학교 출판부.

고영근(1993), 『표준중세국어문법론(개정판)』, 탑출판사.

김승곤(1986), 『한국어 통어론』, 아세아문화사.

김선호(1988), 「한국어의 행위요구월 연구」, 건국대학교 박사학위논문.

김선호(1992), 「현대국어의 시킴씨끝 연구」, 『한국어의 토씨와 씨끝』, 서광학술자료사.

김종택(1982), 『국어화용론』, 형설출판사.

김충회(1974), 「십오세기 국어의 명령법 연구」, 『한양어문』 1.

김충회(1977), 「십오세기 국어명령법 재고」, 『충북대학논문집』 15.

김태엽(1983), 「수사의문문의 간접표현에 대하여−포항지역어를 중심으로−」, 『영주경상전문대학 논문집』 4.

김태자(1987), 『발화분석의 화행의미론적 연구』, 탑출판사.

남기심·고영근 공저(1993), 『표준국어문법론(개정판)』, 탑출판사.

박금자(1987), 「국어의 명령표현 연구」, 『관악어문연구』 12.

박양규(1980), 「주어의 생략에 대하여」, 『국어학』 9.

박영순(1992), 「국어 요청문의 의미에 대하여」, 『주시경학보』 9.

박영준(1987), 「현대국어 명령문 연구-사회언어학적 접근-」,
　　　　고려대학교 국문과 석사학위 논문.
박영준(1992), 「부정명령문에 대하여」, 남사 이근수 박사 환역기념논총.
박영준(1994), 『명령문의 국어사적 연구』, 국학자료원.
서정목(1983), 「명령법 어미와 공손법의 등급」, 『관악어문연구』 8.
서정목(1988), 「한국어 청자 대우 등급의 형태론적 해석(1)」, 『국어학』 17.
서정목(1990), 「한국어 청자 대우 등급의 형태론적 해석(2)」,
　　　　강신항 교수 회갑 기념 국어학 논문집.
서정수(1978), 「'ㄹ것'에 관하여-'겠'과의 대비를 중심으로-」, 『국어학』 6.
서정수(1994), 『국어문법』, 뿌리깊은나무.
서태룡(1985), 「정동사어미의 형태론」, 『진단학보』 60.
서태룡(1985), 「국어의 명령형에 대하여」, 『국어학』 14.
선우용(1994), 「국어조사 '이/가', '을/를'에 대한 연구-그 특수조사적 성격
　　　　을 중심으로-」, 『국어연구』 124.
성광수(1984), 「국어의 추정적 표현」, 『한글』 184.
송병학(1975), 「명령문 분석」, 『논문집』 2-6, 충남대학교 인문과학연구소.
신원재(1987), 「현대국어 부정표현에 관한 연구」, 『논문집』 26,
　　　　서울대학교 사범대학 국어국문학연구회.
신창순(1975), 「국어의 '주어문제' 연구」, 『문법연구』 2.
심재기(1980), 「명사화의 의미기능」, 『언어』 5-1.
심재기·이기용·이정민 공저(1984), 『의미론서설』, 집문당.
안명철(1983), 「현대국어의 양상연구」, 『국어연구』 56.
안병희(1967), 「문법사」, 『한국문화사대계』 V, 고려대 민족문화연구소.
양인석(1976), 「한국어 양상의 화용론(Ⅰ): 제안문과 명령문」, 『언어』 1-1.
양택선(1984), 「국어의 명령법에 대한 사적 고찰」, 서울대학교 석사학위논문.
오영두(1984), 「중세국어 명령법의 신고찰-석보상절을 중심으로 하여-」,
　　　　국민대학교 석사학위논문.
유구상(1986), 「주격 조사에 대하여: 설정과 의미를 중심으로」,
　　　　『국어학신연구』, 탑출판사.

유동석(1984), 「양태조사의 통보기능에 대한 연구」, 『국어연구』 60.

유동석(1990), 「국어의 상대높임법과 호격어의 상관성에 대하여」,
　　　　　　『주시경학보』 6.

유동석(1991), 「상대높임법에 대한 통사론적 접근」, 『어문교육논집』,
　　　　　　부산대학교.

이광호(1990), 「중세국어 호격조사의 통사특성」,
　　　　　　강신항 교수 회갑기념 국어학 논문집, 태학사.

이기문(1979), 「국어의 인칭대명사」, 『관악어문』 3.

이상준(1978), 「명령문에 대한 논리적 고찰」, 『영어영문학』 68.

이숭녕(1981), 『중세국어문법』, 을유문화사.

이승욱(1980), 「종결형 어미의 통합적 관계」,
　　　　　　난정 남광우 박사 화갑기념 논총, 일조각.

이익섭·임홍빈 공저(1983), 『국어문법론』, 학연사.

이익섭·채　완 공저(1999), 『국어문법론강의』, 학연사.

이정민(1977), 「부정명령의 분석」, 『어학연구』 13-2, 서울대학교 어학연구소.

이창용(1986), 「명령문의 발화조건-연결어미의 배합을 중심으로-」,
　　　　　　미원 우인섭 선생 화갑기념 논문집, 집문당.

이필영(1986), 「호격 및 감탄조사에 대한 연구」, 『국어학신연구』, 탑출판사.

이필영(1987), 「현대국어의 1·2인칭 표현에 대하여」, 『관악어문』 12.

이홍배(1974), 「국어의 변형생성문법(Ⅰ)」, 『문법연구』 1.

임동훈(1996), 「현대국어 경어법 어미 '-시-'에 대한 연구」,
　　　　　　서울대학교 박사학위논문.

임홍빈(1972), 「국어의 주제화 연구」, 『국어연구』 28.

임홍빈(1974), 「주격 중출론을 찾아서」, 『문법연구』 1.

임홍빈(1979), 「용언의 어근분리 현상에 대하여」, 『언어』 4-2.

임홍빈(1983), 「국어의 '절대문'에 대하여」, 『진단학보』 56.

임홍빈(1984가), 「선어말 {-느-}와 실현성의 양상」,
　　　　　　유창균 박사 환갑기념 논문집

임홍빈(1984나), 「문종결의 논리와 수행-억양」, 『말』 9.

임홍빈(1985), 「청자 대우법상의 '해'체와 '해라'체」, 소당 천시권 박사 회갑
       기념 국어학논총.

임홍빈(1986), 「청자대우 등급의 명명법에 대하여」, 『국어학신연구』,
       탑출판사.

임홍빈(1993), 「국어 억양의 기본 성격과 특징」, 『새국어생활』 3-1,
       국립국어연구원.

임홍빈·장소원 공저(1995), 『국어문법론·Ⅰ』, 한국방송통신대학교출판부.

임홍빈·안명철·장소원·이은경 공저(2001), 『바른 국어생활과 문법』,
       한국방송통신대학교출판부.

장경현(1995), 「국어의 명사 및 명사형 종결문에 대한 연구」,
       『국어연구』 130.

장석진(1973), "A Generative Study of Discourse—Pragmatic Aspects of Korean
       with Reference to English", *Language Research* 9-2(Supplement).
       Language Research Institute, Seoul National University.

장석진(1976), 「화용론의 기술」, 『어학연구』 12-2, 서울대학교 어학연구소.

장석진(1985), 『화용론 연구』, 탑출판사.

장석진(1993), 『화용과 문법』, 탑출판사.

조성훈(1989), 「현대국어의 명령표현 연구」,
       서울대학교 국어교육과 석사학위논문.

채영희(1985), 「우리말 명령법 연구」, 부산대학교 석사학위 논문.

채영희(1993), 「시킴월의 유형에 대하여」, 『우리말 연구』 3, 우리말 연구회.

최경자(1985), 「국어 명령문의 화행분석」, 서울대학교 석사학위논문.

최현배(1971), 『우리말본』, 정음문화사.

한　길(1991), 「높낮이없음 종결접미사에 관하여」, 『국어의 이해와 인식』,
       한국문화사.

한　길(2002), 『현대 우리말의 높임법 연구』, 역락.

허　웅(1975), 『우리옛말본』, 샘문화사.

홍윤표(1969), 「십오세기 국어의 격연구」, 『국어연구』 21.

홍종선(1980), 「국어부정법의 변천연구」, 고려대학교 석사학위 논문.

Austin, J. L.(1962), *How to Do Things with Words*, Oxford University Press.

Bach, E. and R. T. Harms (eds.)(1968), *Universals in Linguistic Theory*, New York: Holt, Rinehart, and Winston.

Bolinger, D.(1967), "The Imperative in English", *To Honour Roman Jacobson*, vol. 1, The Hague, Paris: Mouton.

Cole, P. and Morgan, J. L. (eds.)(1975), *Syntax and Semantics Volume 3*: Speech Acts, New York: Academic Press.

Davies, E. E.(1986가), "English Vocative: A Look at Their Function and Form," *Studia Anglica Posnaniensia* 19.

Davies, E. E.(1986나), *The English Imperative*, Washington: Croom Helm.

Green, G. M.(1975), "How to Get People to Do Things with Words the Whimperative Question," in P. Cole & J. Morgan (eds.)(1975).

Hamblin, C. L.(1987), *Imperatives*, Basil Blackwell Ltd.

Hudson, R. A.(1976), *Argument for a Non-Transformational Grammar*, University of Chicago Press, Chicago.

Jespersen, Otto(1924), *The Philosophy od Geammar*, London: George Allen & Unwin Ltd. 1958.

Jespersen, Otto(1954), *A Modern English Grammar on Historical Principles, Part 5*, London: George Allen and Unwin.

Katz, Jerrold J. & Postal, Paul M.(1964), *An Integrated Theory of Linguistic Description*, Cambridge: The MIT Press.

Lakoff, G.(1966), "Stative Adjectives and Verbs in English," *MALT Report No. NSF-17*, Harvard University Computation Laboratory, Cambridge, Mass..

Levinson, S.(1983), *Pragmatics*, Cambridge University Press.

Lyons, J.(1977), *Semantics 1, 2*, Cambridge University Press.

McCawley, J. D.(1968), "The Role of Semantics in s Grammar," in Bachand Harms(1968).

Quirk, R., Greenbaum, S., Leech, G. N. and Svartvik, J.(1985), *A Comprehensive*

Grammar of the English Language, Longman, London.

Sadock, J. M.(1970), "Whimperative," in J. M. Sadock and A. L. Vanek (eds.) *Studies Presented to R. B. Lees by his Students*, Edmonton: Linguistic Research Inc..

Sadock, J. M.(1974), *Toward a Linguistic Theory of a Speech Acts*, New York: Academic Press.

Searle, J. R.(1975), *Indirect Speech Acts, Syntax and Semantics 3*, New York, Academic Press.

찾아보기

■ ㅍ ■

■ ㅎ ■

■ 고 성 환

약력

경북 예천 출생
서울대학교 인문대학 국어국문학과 졸업(1985)
동 대학원 국어국문학과 문학석사(1987)
동 대학원 국어국문학과 문학박사(1996)
서강대학교 연구교수 역임
현재 한국어세계화재단 수석연구원

논저

설명형·논증형 주제 전개 모형과 읽기 교육(1999)
월인천강지곡의 운율성(2000)
응결장치와 텍스트 경계(2002)
<월인천강지곡>에 대한 텍스트언어학적 연구(공저, 2003)
등이 있음.

국어 명령문에 대한 연구

◉ 인쇄 2003년 06월 09일 ◉ 발행 2003년 06월 18일 ◉ 지은이 고성환 ◉ 펴낸이 이대현
◉ 편집 이 은 희·안 현 진·조 유 미·박 진 희
◉ 펴낸곳 도서출판 역락 / 서울 성동구 성수2가 3동 301-80 (주)지시코 별관 3층
◉ Tel 대표 3409-2058 ◉ 편집부 3409-2060 ◉ FAX 3409-2059
◉ E-mai yk3888@kornet.net / youkrack@hanmail.net
◉ 등록 1999년 4월 19일 제2-2803호 ◉ ISBN 89-5556-223-3-93710
◉ 정가 9.000

　*잘못된 책은 교환해 드립니다.